丁永培 에세이集

바르게 산 자들이
누리는 幸福

바르게 산 자들이

누리는 幸福

月到千虧 餘本質

柳経百別 又新枝

달은 천 번을 이지러져도 그 본질이 남아 있고,

버드나무는 100번 꺾여도 새 가지가 올라온다.

전남대학교출판부

서 언

이 책의 25편의 글과 작년에 냈던 책의 25편의 글의 제목들은 모두가 밖에서 들어온 것들이었다. 밖에서 들어온 글을 50편이나 썼으니 꽤나 많이 쓴 셈이다. 이런 글들도 많이 쓰다 보니 이제는 단련이 되어 그런대로 잘 쓰는 편이다.

그런데 작년에 냈던 책 “삶 속에 흐르는 행복의 메아리”와 그 전에 냈던 책 “인생 연가”라는 두 권의 책이 2009년 문화체육관광부에서 어르신들을 위한 대활자본 우수 도서로 선정되어, 전국 도서관에 1000여 권이 배포되었다. 늙은 나이에 이런 반열에 오를 수 있는 책을 쓴 것만으로도 큰 기쁨과 행복을 느낀다.

1000여 권이나 되는 내 책이 전국 도서관에 배포되어, 많은 사람들이 읽을 수 있게 된 것을 생각하니, 무거운 책임감을 느낀다. 때로는 추상(秋霜)같은 가혹한 비판을 어찌 감당하랴 싶어, 글쓰기가 두렵기도 하다.

“금을 깨뜨리면 그 빛이 찬란해 보인다.”는 말이 있다.(碎金) 이는 전적으로 사물을 묘사한 시(詩)나 글귀가 너무 아름다울 때 쓰는 말이다. 아무렇게나 널려 있는 돌멩이나 나무 한 그루도 글로 다듬어 쓰면, 그 전보다는 훨씬 더 아름답고 귀하게 보인다. 그러고 보면 세상에 글보다 더 좋은 연금사(鍊金師)는 없는 것 같다. 저자의 붓 끝에서 사물의 미추(美醜)가 분장을 달리하여 나타나기 때문이다.

내 나이 정도가 되면 만고에 이름을 떨칠 좋은 문장을 쓸 법도 하지만, 아무리 해도 이 이상의 글은 나오지 않는다. 문재(文才)가 이 정도 밖에 안되어서 그러는 것을 어찌 하겠는가. 그래도 쓰는 데까지 써보라고 주변의 성화가 대단하지만, 괜한 노욕(老慾)을 부리다가 부달(不達)의 우(遇)를 범하지 않을까 걱정도 된다.

옛말에 "마음을 빼앗기면 아무것도 보이지 않는다."(The eye is blind if mind is absent.)는 말이 있다. 좋은 것을 좋은 것으로 보지 못하고, 또 좋은 것을 좋은 것으로 듣지 못하면, 이는 필시 마음이 잘못되어서 그럴 것이다. 우리의 눈이나 귀로 들어온 것들이 우리의 마음을 미혹하여 나쁜 정념(情念)을 일으킨다면, 이는 분명 마음이 잘못되어서 일 것이다. 우리의 마음이 바로 되어 있으면, 아무리 악한 것이 들어와도 선하게 느껴지고, 아무리 흉한 것이 들어와도 순하고 부드럽게 여과되어 나타날 것이다.

마음이 홀가분해야 하는 일이 잘 되고, 자질구레한 일에 매어 있으면 일이 잘 안된다. 나를 괴롭히는 것이 있으면 쾌도난마(快刀亂麻)처럼 일거(一擧)에 잘라 없애버려야 한다. 번뇌의 고리처럼 무서운 것이 없고, 한 번 이에 걸려들면 빠져 나오기가 힘들다. 증오와 탐욕에 집착하지 않으면, 마음이 편하여져서 괴롬이 없어질 것이다.

좋은 입을 가졌으되 남을 흉보고 비방하기를 일삼으면 결코 좋은 입이 아니다. 긴 팔을 가졌으되 함부로 휘두르기를 좋아하면 결코 좋은 팔이 아니다. 긴 다리를 가졌으되 남을 걷어차기를 일삼으면 그 다리 또한 좋은 다리가 아니다. 사람들은 긴 팔과 긴 다리만을 탓하여 말하지만, 기실은 팔과 다리를 움직이는 마음이 잘못되어서 일 것이다.

건강하되 몸만 건강할 것이 아니요 마음까지 건강해야 진정으로 건강한 사람이 된다. 몸을 단련하되 마음과 함께 할 것이요, 마음 또한 몸과 함께 단련하면 심신이 건강한 사람이 된다. 심신이 건강해야 좋은 국민이 되고, 좋은 부모, 좋은 자식이 되며, 이웃을 사랑하는 좋은 이웃이 된다.

우선 나를 위해서 잘해야 하고, 그래야 내 주변의 모든 사람이 수월해진다. 아내가 힘들면 남편이 힘들고, 남편이 힘들면 아내 또한 힘들어진다. 이 세상은 홀로 살 수는 결코 없고, 서로 공동체를 이루어 연대 의식 속에서 살아간다.

"빨리 가려거든 혼자서 가고 멀리 가려거든 여럿이 어울려 가라."는 말이 있다. 인생은 빠른 속도로 끝내야 할 단거리 여정(旅程)은 아니고, 멀고 먼 길을 가야 하는 장거리 여정이다. 혼자서는 외로워서 못 가는 길이고, 서로 어울려 즐겁게 노래하며 가는 길이다. 서로 돕고 의지하며 가는 데서 삶의 의미와 보람을 느끼게 된다. 이 세상에 내가 혼자인 것을 느끼면 그보다 더한 외로움은 없고, 그러다가 절망에라도 빠지면 헤어나지 못하고 간다.

우리가 사는 세상은 살기에 그렇게 홀략(忽略)한 세상은 아니다. 어려움의 연속이고 험산 준령이 차례를 기다려 밀려온다. 추울 때 추운 것만을 생각하면 추위가 지름길로 달려오듯, 어려울 때 어려운 것만을 생각하면 더 어려워진다. 어려움은 누구에게나 오는 것이고, 어려움 없이 사는 자는 아무도 없다. 시련 끝에 영광이 온다 하였으니, 인내하고 오래 기다릴 줄 알아야 한다.

"즐거움과 절제와 평정을 유지하면 의사가 멀어진다."는 말이 있다. 늘 기쁜 마음으로 살고, 부질없는 세욕에 휩싸이지 않으면 마음에 평정을 얻어 살 것이다. 먹고 마시는 것도 마음의 절제를 잃으면 몸의 균형을 잃는다. 미각(味覺)의 향락을 억제하지 못하면 몸은 점점 더 늘어나 걷잡을 수 없는 지경에 이른다. 움직이기를 싫어하면 온갖 질병이 총 공세를 펴고 달려든다.

앓은 다음에야 건강의 소중함을 알게 된다. 병든 몸은 감옥과 같은 것이어서, 병에 잘못 걸려들면 그 고통이 단말마적(斷末魔的)이다. "누워있지만 말고 끊임없이 움직여라. 움직이면 살고 누우면 죽는다." 함도, 다동(多動)으로 건강의 본을 삼으려 함이다.

"남에게 보여주기 위한 눈물은 쉬 마르고 만다."는 말이 있다. 거짓은 다리가 짧아 오래 가지 못한다. 아름답게 보이는 옷도 정도가 지나치면 허식이 된다. 검박하게 사는 사람에겐 능라 금의(綾羅錦衣)는 되레 거추장스럽기 그지없다. 아름다움이란 우리에게 편함과 기쁨을 주는 것이고, 자기의 노력으로 이루어지는 진실한 것이어야 한다.

늙었다 하여 신세 타령만 하지 말고 "나도 할 수 있다."는 생각을 하게 되면 하늘을 비상(飛翔)할 힘이 생긴다. 내 말에 모든 사람이 고개를 끄덕여 줄 것으로 생각하지 말고, 한 사람만 고개를 끄덕여 주어도 성공한 것으로 생각하라.

희망은 만사가 용이하다고 가르치고, 절망은 만사가 어렵다고 가르친다. 인간의 최대의 행복은 희망을 가지고 사는 것이다. 희망은 우리에게 삶의 에너지와 열정을 가져다 준다. 희망을 가지면 어려운 일이 쉬어지고 절망을 가지면 쉬운 일도 어려워진다.

바르게 산 자들이 누리는 幸福

제 1 부

이 책은 만인이 불러야 할 노래요, 바르고 힘차게 살려는 자들이 부르는 노래다. 날로 힘든 세상을 서로 어울려 즐겁게 살려는 사람들이 부르는 노래다.

사는 법을 다 알고 사는 사람은 없고, 전 생애를 기울여 살아도 배울 것이 너무 많아 못 배우고 간다. 돌아와 다시 배울 수 없는 것은, 돌아올 길이 없기 때문이다. 여기 부르는 노래가 우리들에게 생명의 소리로 들릴 때, 이 세상은 훨씬 더 아름답고 살기 좋은 곳이 될 것이고, 바르게 산 자들만이 행복을 누리는 곳이 될 것이다.

이 책을 발간하는 데 나를 도와준 사람들이 있다. 전남대학교 정 숙현, 안 명자 내자, 김 창권 박 은경 부부에게 심심한 사의(謝意)를 표한다.

2010년 8월

저자 정 영배

> 본서가 2010년 문화체육관광부에서 주최하고 한국도서관협회에서 주관하는 대활자본 구입 배포 사업에 선정되었으니 기쁜 일이다. 2009년에 이어 금년에도 계속 선정된 것을 보면, 내 글이 그런대로 읽을 만한 글인 모양이다. 깊은 감회와 기쁨을 느낀다.
>
> 그간 계속해서 지원을 아끼지 않으신 전남대학교출판부 박 방배 출판과장님과 독자 여러분에게 깊은 감사의 염(念)을 표한다.

바르게 산 자들이 누리는 幸福

제 1 부

제 2 부

제 1 부

1 누워있지만 말고 끊임없이 움직여라 움직이면 살고 누우면 죽는다

언젠가 친구와 같이 버스를 타고 어디를 간 적이 있다. 모처럼 만에 둘이 자리를 같이 하게 된지라 허물없는 이야기가 나오게 되었다. 두 사람이 다 70노수(老壽)를 살고 있는지라 죽음에 관한 이야기까지 자연스럽게 나왔다.

"자네는 몇 살까지 살 수 있을 것 같은가?"라고 물었더니, 서슴지 않고 83세라고 했다. 왜 하필이면 83세냐고 했더니, 우연한 기회에 사주쟁이에게 가서 사주를 봤더니 83세까지 살 수 있을 것이라고 했다. 그 후 다른 복자(卜者) 앞에 설 기회가 생겨, 다시 물어봤더니, 그 사람 역시 83세라고 해서, 그것이 바로 자기의 타고난 명(命)이라 생각하게 됐노라고 했다.

우연의 일치는 분명 아닐 것이다. 83세를 일기(一期)로 살다가라는 뜻으로 생각하고, 그것이 바로 자기의 정명(定命)이려니 생각하고 있다고 했다.

"아니 이 사람아, 지금 세상이 어떤 세상인데... 의술도 날로 다르게 발전하고 있어서, 10년 후면 죽어가는 사람도 살릴 수 있는 세상이 될 것이 아닌가?"라고 했더니 그 친구 하는 말이, "지금 사는 것도 노구(老軀)를 이끌고 사는지라, 그렇게 쾌한 생활은 아니고, 지금 하는 일이라고는 아무것도 없고, 그저 밥이나 축내며 사는 처지이니, 그 정도만 살다가는 것으로도 감사하기 이를 데 없다."는 그런 이야기였다.

그러나 지금의 그 생각이 앞으로 변하지 않으리라고는 결코 장담할 수가 없다. 지금은 당당하게 이야기할 수 있는 것도 그 때가 되면 새로운 욕심이 생겨 딴 말을 할 수가 있기 때문이다. 그러나 저러나 그 친구의 사생관(死生觀)이 그처럼 확고부동한 것에 깊은 존경의 염(念)을 표하지 않을 수가 없다.

81세가 되면 90세까지도 바라볼 수 있다 하여 망구(望九) 또는 망구순(望九旬)이라 하거니와, 인간의 수명에 관한 욕심은 한이 없다. 90세를 넘기면 100세를 바라보게 되고, 100세를 넘기면 그 다음의 고비를 바라다 보기 때문이다.

"분명히 사람은 자기의 시기를 알지 못하나니 물고기들이 재난의 그물에 걸리고 새들이 올무에 걸림같이 인생들도 재앙의 날이 그들에게 홀연히 임하면 거기에 걸리느니라."(전 9:12) 사생 유명(死生有命)이라 하였으니, 죽고 사는 것은 하늘의 뜻에 달려 있는 것이지 사람이 어찌 할 수 있는 것은 아니다.

세상이 많이 변했다고는 해도 80을 넘겨 살면 천수(天壽)를 누리며 사는 것이 된다. 몸뚱아리는 쭈그렁 망태가 되고, 얼굴에는 노태가 더덕더덕 끼어 보기에도 추하고, 기동(起動)이 어려워지면 자식들로부터도 미움을 사고, 짐짝처럼 이집 저집으로 밀리며 산다면 이보다 더 비참한 삶도 없을 것이다.

사람은 이 세상에 왔다가 필히 가야 할 숙명적 운명이다. 일생 일사(一生一死)는 변함없는 만고의 철칙이고, 죽음이 언제 다가올지는 아무도 모른다. 죽음의 신(神)은 만인에게 평등한 것이지 어느 특정인에게 무한히 사는 특전을 베풀지는 않는다.

죽음은 예고 없이 홀연히 찾아오는 것이어서, 어제까지 정정하던 사람이 밤새 연고의 변을 당해 갑자기 우리와 유명(幽明)

을 달리한다.

우리가 이 세상에 와서 살다 가는 것은 하늘의 축복이요 은사(恩賜)다. 기왕 받은 생명이니 즐겁고 건강하게 살다 가야 한다. 그러기 위해서는 끊임없이 움직여 건강을 유지해야 한다. 움직이면 몸이 가볍고 식욕이 왕성해진다. 식욕이 왕성해지면 음식 맛이 좋아 건강은 날로 좋아진다. 몸이 건강하면 정신도 맑아져서 바른 생각으로 세상을 살 수 있을 것이다.

몸에 병이 있으면 아무리 좋은 몸도 감옥이나 다름이 없어서 하루하루를 살기가 지겨울 것이다.

네덜란드의 이름난 의사인 베르하이트는 죽으면서 그의 마지막 극의(極意)를 가족들에게 전했다. "머리는 차게, 발은 따뜻하게, 배는 8부만 채워야 한다."고 했다.

머리를 늘 차갑게 유지해야 함은, 맑은 머리를 유지하고자 함이다. 잠을 잘 때도 머리를 내놓고 자는 것은 머리의 온도를 낮게 유지하고자 함이다. 여름에 모자를 쓰는 것은 따가운 햇빛을 가리고자 함이요, 겨울에 모자를 쓰는 것은 머리가 너무 차지 않게 하고자 함이다. 머리가 맑아야 사물을 과학적으로 분석하고 바르게 평가한다. 지성은 냉철한 머리에서 나오고 덕성은 따뜻한 심장에서 나온다고 함도 그래서 하는 말이다.

개는 입이 따뜻해야 하고, 사람은 발이 따뜻해야 한다고 한다. 잠을 잘 때, 발을 잘 덮고 자는 것은 발의 온도를 잘 유지하고자 함이다. 운동을 하면 발의 온도가 높아지고, 발의 온도가 높아지면, 그 온도가 위로 올가가서(水昇), 심장의 온도를 밑으로 밀어 내린다.(火降) 발의 온도가 위로 올라가고 심장의 온도가 밑으로 내려오면, 위 아래의 온도가 균형을 유지한다. 이런 것을 일러 수승 화강(水昇火降)의 원리라고 한다. 이 원리는 내가 쓴 책에서 몇차례 반복했다. 이 원리대로 행하면 필연 건강해질 수가 있기 때문이다.

발은 물(水)이어서 그 온도를 높여줘야 하고, 심장은 불(火)이어서 그 온도를 내려줘야 한다. 가만히 누워있는 자는 결코 그런 은전을 누릴 수가 없다. 누워있지만 말고 끊임없이 움직이라 함도 발의 온도를 높게 유지하고자 함이다. 우리의 몸은 다스리는 자의 뜻에 따라 잘 순응한다. 좀 혹독하다 할 정도로 다스려야 말을 잘 듣는다. 늘 편하기를 바라면 몸은 쉬 절단이 나고 만다.

이 세상에 건강보다 더 중요한 것은 없다. 건강해야 내 몸은 곧 나의 보배(我身之寶)가 된다. 건강하지 못하면 세상 모든 것이 무용(無用)한 것이 된다. 건강치 못하면 아무리 좋은 것도 누릴 수가 없다. 세상의 부귀 영화도 뜬 구름과 같은 허무한 것이 된다.(於我如浮雲) 건강치 못하면 남편이 남편의 자리를 지킬 수 없고, 아내 또한 아내의 자리를 지킬 수가 없다. 건강치 못한 스승이 어떻게 제자를 잘 가르치며, 건강치 못한 위정자(爲政者)가 어찌 위정의 자리를 잘 지킬 수 있겠는가? 가정의 평화도 건강에서 오고, 나라의 부강도 국민의 건강에서 온다. 그래서 모든 사람이 자기의 시간과 땀과 재물을 바쳐 건강을 유지코자 한다. 몸이 건강해야 좋은 아들, 좋은 형제, 좋은 이웃이 되고, 나라에 충성하는 좋은 국민이 된다.

평소에는 건강의 고마움을 못 느끼지만, 병을 앓아 봐야 건강의 고마움을 느낀다. 건강할 때 건강을 지킬 생각을 해야지, 병든 다음에는 이미 늦은 것이다. 그래서 건강을 유지하는 것을 우리들의 최상의 책무라 생각하고 이 책무를 지키는 데에 최선을 다해야 한다.

건강은 신체의 건강만을 유지한다 하여 되는 것이 아니다. 마음의 건강이 유지되어야 심신(心身)이 건강한 사람이 된다. 마음이 건강치 않으면 튼튼한 몸의 건강도 유지될 수가 없다.

옛말에 무양(無恙)이라는 말이 있다. 여기서 말하는 양(恙)이란 벌레의 이름이다. 이 벌레가 사람의 몸속에 들어가서 사람의 마음(心)을 파 먹어 사람에게 해를 끼친다. 그래서 인사할 때는 뱃속에 양이란 벌레가 있는지를 알아보고자, "무양하십니까?"라고 물었다고 한다.

실제로 그런 벌레가 있는지는 모르지만, 마음을 파 먹는 벌레가 있다면 그것은 다름아닌 근심이나 불안 같은 것이다. 마음에 근심이나 불안 같은 것이 있으면 결코 건강할 수가 없다. 방안에만 처박혀 있으면 근심이나 불안은 눈덩이처럼 불어난다. 그처럼 크게 불어난 근심과 불안은 자기 몸을 송두리째 먹어 치울 것이다. 이 글귀도 너무 좋은 글귀여서 여기에서 다시 반복했으니 양해하기 바란다.

건강하고자 하면 뭐니뭐니 해도 절식(節食)이다. 그래서 배를 8부만 채우라고 한다. 배를 8부만 채우면 의사가 필요 없다고 하니 이보다 더 좋은 건강법이 없다. 그래서 예부터 소식(疏食)과 소식(小食)을 식사의 본(本)으로 삼으라고 했다. 육미(肉味)가 아닌 거친 음식(疎食)을 식사의 본으로 삼으면 몸에 별탈이 붙지 않는다. 그러나 하루 세끼를 산해 진미(山海珍味)로 미각의 향락을 꾀하며 살다간 얼마 살지 못하고 간다. 8부의 배를 채우는 것도 중요하지만, 뱃속에 독한 음료나, 담배, 마약 같은 것이 들어가면 제아무리 튼튼한 몸도 쉬 무너진다.

두 다리를 튼튼하게 하라. 차를 적게 타고 많이 걸어야 한다.(小乘多步) 두 다리가 곧 의사라 하였다. 두 다리가 튼튼하지 않고서는 결코 건강할 수가 없다. 식보(食補), 약보(藥補)도 좋지만 행보(行補)가 좋은 것이니, 틈만 나면 움직여라. 움직이면 혈액 순환이 잘 되고, 혈액 순환이 잘 되면 오던 병도 질겁을 하고 도망칠 것이다.

누워있지만 말고 끊임없이 움직여라.
움직이면 살고 누우면 죽는다.

2 하루에 하나씩 즐거운 일을 만들어라 하루가 즐거우면 평생이 즐겁다

동물들은 위장병에 걸리는 일이 거의 없다고 한다. 어지간해서는 그들은 과식하는 일이 없기 때문이다. 과식은 만병의 근원이니 소식(小食)으로 살기를 꾀하라고 한다. 백치와 같은 지능이 낮은 사람들은 암에 걸리는 일이 없다고 한다. 지능이 낮으면 근심이나 불안 같은 것을 모르고 살기 때문이다. 그들에게는 늘 기쁨만이 있어서 세상이 늘 즐겁고 아름답게 보이기 때문이다.

슬픔이 오래 지속되면 마음이 불안해지고, 마음이 괴롭다 하여 독한 음료 마시기를 계속하면, 몸은 더 이상 견디어내지 못한다. 그래서 술, 담배, 마약 같은 독한 것을 몸 속에 집어 넣지 말라는 경고성 메시지가 계속해서 나온다.

그래서 경전에서는 "늘 기뻐하라"하여, 늘 즐거운 마음으로 살기를 권장하지만 말처럼 그렇게 쉬운 일은 아니다. 즐거움과 슬픔은 거소(居所)를 이웃처럼 접하여 살고 있어서, 때가 되면 언제든지 밀고 들어와 서로의 자리를 차지하려고 한다.

우리가 미워하던 사람이 불행에 빠져 허덕이는 모습을 보고 쾌감을 느낀다. 남의 아들이 잘 되어 성공해도 배가 아프다. 인간의 마음속에는 이런 감정이 깔려있어서, 따지고 보면 인간보다 더 사악(邪惡)한 동물도 없다. 나를 비롯한 세상 모든 사람들의 마음이 그러하니, 사람은 가위(可謂) 동물적이라 폄하(貶下)해도 마땅하다.

남에게 나쁜 일을 하게 되면 그들로부터 받는 보응(報應)이 가혹하다. 그러니 사람은 서로 사랑하며 살고, 서로에게 해를 끼치며 살지 않을 일이다. 나는 마음이 심란할 때는 눈을 감고 명상에 잠기는 일이 종종 있다. 그러면 좋은 일들도 머리에 떠오르지만 그간 잘못한 일들이 떠올라 나를 괴롭힌다. 때로는 부끄러운 마음이 일어 얼굴에 홍조(紅潮)가 일기도 한다.

사람은 지난날을 기억할 수 없으면 지난날을 되풀이 하게 된다. 지난날의 잘못을 되풀이하다간 지난날의 나락(奈落)에 다시 빠진다.

즐거움은 아무에게나 오는 것이 아니다. 즐거움은 유능한 사람만이 만드는 행복한 시간이다. 사람은 의미있는 일을 하고, 기쁜 일을 하며, 또 잘 할 수 있는 일을 할 때, 그 일에서 큰 보람을 느낀다. 즐거움이란 자기가 행한 일을 잘 성취했을 때 오는 만족감을 말한다. 그래서 사람들은 일을 통해서 즐거움을 얻고자 하고, 그 즐거움이 계속될 때 날로 즐겁고 행복한 일생이 된다.

"추녀 끝에 매달아 놓은 풍경(風磬)도 바람이 불지 않으면 소리가 나지 않는다. 바람이 불어서 비로소 그윽한 소리가 난다. 인생도 평온 무사하면 즐거움이 무엇인지를 알지 못한다. 일이 있으므로 즐거움이 있고, 기쁜 일이 있으므로 슬픈 일도 있다. 괴로운 일이 없고서야 어찌 즐거운 일이 있을 수 있겠는가. 인생의 희로 애락(喜怒哀樂)도 이처럼 오고 가고 엉키어 심금(心琴)에 닿아 심금을 울린다. 심금을 울리는 희로 애락은 서로 어울려 그윽한 인생의 교향곡을 만든다."(H.W. 롱펠로우)

즐거움은 그냥 오는 것이 아니고 괴로움을 통해서 온다. 오랜 가뭄 끝에 내리는 비가 감우(甘雨)가 되듯, 괴로움을 극복한 끝에 오는 기쁨이 기쁨 중의 기쁨이 된다. 그래서 고진 감래(苦盡甘來)라 하지 않았던가.

"어떤 선비가 이르기를 자기는 세 가지 기쁨이 있다고 했다. 세상 만물 중에, 사람이 되어 사는 것이 제1락(樂)이요, 남녀 사이에 남자가 되어 사는 것이 제2락(樂)이요, 아직 강보(襁褓)에 쌓인 어린 아이가 있는데, 자기는 95세가 되어 사니 이보다 더한 기쁨이 어디 있겠는가. 이게 곧 나의 제3락(樂)이라. 가난한 것은 선비의 당연한 일이고, 죽는 것은 인생의 종말인데, 무슨 걱정이 있겠는가"라고 했다.(家語)

이 세상에 태어난 것만으로도 기쁘고, 남자로 태어나 사는 것이 기쁘고, 95세의 긴 세월을 세상 맛을 보며 살았으니 더 이상 다른 여한(餘恨)이 없다는 그런 말이다. 투철한 사생관(死生觀)으로 행복한 일생을 산 것 같아 큰 부러움을 느낀다.

기왕 삼락(三樂)이 나왔으니 맹자 삼락(孟子三樂)을 이야기 하지 않을 수 없다. 부모님이 살아 계시고 형제들이 아무 탈이 없이 사니 이게 곧 제1락(樂)이요, 하늘을 우러러 보아 한 점 부끄럼 없이 사니 이것이 제2락이요, 천하의 영재(英才)들을 불러모아 가르치니 이것이 제3락이라고 했다.

맹자다운 면모가 풍겨서 좋고, 이런 삼락 속에서 살다 간 맹자가 한없이 부럽기도 하다. 지극한 효심과 무괴 아심(無愧我心)의 바른 처신과, 평생을 영재 교육에 몸바쳐 산 면면(面面)이 크니 그 기쁨이 어찌 크다 하지 않겠는가.

어려움을 통해 맛보는 기쁨이 크다 하였다. 그러나 사람들은 고통없기를 바라고, 고통 속에서 살기를 싫어한다. 왜냐하면 질병에 잘못걸리면 죽기가 쉽고, 괴로움에 시달리다 죽을 수도 있기 때문이다. 그래서 하루에 하나씩 즐거운 일을 만들어 살라 한다. 즐거운 일을 만들면 우리의 마음이 즐겁게 되고, 마음이 즐거우면 몸도 건강해져서 세상을 즐겁게 살 수 있기 때문이다. 하루에 할 수 있는 일을 하나씩 생각해 보라.

아침에 일찍 일어나 이부자리를 개고 창문을 열어 환기하라.

밖으로 나와 가슴을 펴고 심호흡을 하라.

공원 안에 들어서면 달릴 트랙이 있고, 산책로에 들어서면 산책할 길이 훤히 트여 있다. 산책이 끝나고 나면 몸을 깨끗이 씻고, 일간 신문에서 시세(時世)의 흐름을 읽으라.

하루를 기도로 시작하고 기도로 끝내면, 생활이 훨씬 더 경건하여져서 좋다.

일을 하되 정성을 다해 하고, 일이 잘못 되었으면 다음 날 고쳐 행하라.

마음 먹기를 바르게 하고, 하는 일은 즐거운 맘으로 하라.

말하기를 조심하고, 말을 바르고 친절하게 하는 것을 생활의 본(本)으로 삼아라.

마음이 정감으로 차 있으면 내가 하는 말이 다정한 말이 되고, 말이 다정해지면 서로 사는 관계가 좋아진다.

마음이 밝으면 얼굴 표정도 밝아지고, 늘 밝은 표정으로 살면 나를 싫어하던 사람들도 좋아하게 된다. 얼굴은 마음의 창, 창이 밝으면 마음도 밝아진다.

남의 비위를 상하게 하지 말고, 잘못한 일에 용서를 구하며 살라.

남이 나에게 잘못했다 하여 너무 분하게 생각하지 말 것이며, 분기(憤氣)를 이기지 못하면 병이 난다.

세상 일을 많고 적음으로 분별치 말고, 높고 낮음으로 분별치 마라. 너무 인색하여 사람과의 인연이 끊기지 않게 하고, 너무 교만하여 다른 사람이 너를 속되다 하지 않게 하라.

남을 원망하거나 미워하는 일이 없도록 하라. 그 원망이나 미움이 곧 나에게로 돌아온다.

뉘우칠 일을 반복하여 행하면 이루고자 하는 일을 이루기가 힘들다.

공기를 더럽히는 일을 하지 말고, 물을 더럽히는 일을 하지 마라.

이간질이나 비방하는 일을 하지 말고, 남을 무시하거나 비겁한 짓을 하지마라.

거짓말을 하지 말고 정직하게 사는 것을 생활의 본으로 삼으라.

내 눈으로 본 것만을 옳다고 생각하지 말고, 내 생각만이 옳다고 고집하지 말라.

죄지은 사람에게 친절과 사랑으로 대하고, 외로운 사람을 도와 우울한 생각에 빠지지 않게 하라.

너무 욕심부리지 마라. 욕심부리면 더 많이 잃게 된다.

화내지 않고 살기를 힘쓰라. 화는 만악(萬惡)의 근원이다.

가장 큰 힘이 사랑인 것이니, 가족들을 사랑하고 이웃간에 불화가 없게 하라.

남편과 아내의 사랑이 자식들의 본이 되게 하고, 부모에게 효도하고 형제간에 우애함이 가화(家和)의 근본이 되게 하라.

산새 소리에서 자연의 화음을 느끼고, 바람소리에서 하늘의 조화를 느끼라.

시냇물 소리에서 자연의 청량(淸凉)함을 느끼고, 자연의 색깔에서 사철의 변화를 느끼라.

자연은 생명 순환의 법칙이니 자연의 흐름에 순응하고, 자연의 질서에 어긋나지 않게 하라.

자연의 질서에 어긋나게 살면 생명의 질서가 어긋난다.

즐거움은 누구나 쉽게 누릴 수 있는 것이 아니다. 누리려고 애쓰는 자만이 누린다. 하루하루를 즐겁게 살고, 의미있는 일을 하는 자만이, 행복을 누리며 산다. 고난과 시련은 뜻하지 않게 찾아와 우리를 괴롭힌다. 실패도 있고, 병마에 시달리고, 배신을 당하고, 오해와 좌절을 겪는다. 인생의 도상(途上)에는 단애(斷崖) 고객(孤客)의 외로움도 있고, 가누기 힘든 슬픔도 있다. 어려움을 이기는 자만이 행복을 누리는 자가 된다.

하루에 한 가지씩 좋은 일을 만들어 살면, 몸도 마음도 가볍고 기쁨으로 넘치는 하루가 된다.

날마다 하나씩 즐거운 일을 만들어라.
하루가 즐거우면 평생이 즐겁다.

3 마음에 들지 않아도 웃으며 받아들여라 이 세상 모두가 내 뜻대로 되는 것은 아니다

인간 만사는 새옹지마(塞翁之馬)와 같다는 말이 있다. 이 이야기는 중국 북방의 한 촌락에서 일어난 이야기다. 새옹이란 중국 북방의 변새(邊塞 또는 변방)에 살았던 한 노옹(老翁)을 말한다.

어느 날 이 노옹의 말(馬)이 국경을 넘어 호(胡)나라로 달아나자, 마을 사람들은 말을 잃은 노옹의 마음을 위로했다. 하지만 그 노옹은 "이것이 되레 전화 위복(轉禍爲福)이 될는지도 모르는 일일세."라고 말하면서, 말을 잃어버린 것을 조금도 섭섭하게 생각하지 않았다고 한다.

아니나 다를까, 얼마 후에 그 말이 호(胡)나라의 명마(名馬)를 한 마리 데리고 돌아왔다. 그러자 마을 사람들이 모두 참 잘 되었다고 기뻐했지만, 노인은 기뻐하는 기색이 전혀 없었다. 그 후 그 말이 새끼를 몇 마리 낳았지만, 노인의 얼굴에서는 기쁜 기색이라고는 찾아 볼 수가 없었다.

그런데 말 타기를 좋아하는 그 노인의 아들이 그 말을 타다가 말에서 떨어져 골절상을 입었다. 마을 사람들은 그 노인을 크게 위로했지만 "오늘의 이 화(禍)가 또 훗날 어떤 복(福)이 될는지는 아무도 알 수 없는 일일세."라고 말하면서, 태평 무사(太平無事)한 표정을 지었다.

얼마 후에 북방의 호인들이 이곳을 침공해 오자, 마을의 건장한 젊은이들은 모두 전쟁터에 나가 거의 모두 전사했다. 하지만 이 노인의 아들은 절름발이인지라 전쟁터에 나가 목숨을 잃는 불운을 면하게 되었다.

인간의 길흉 화복(吉凶禍福)은 인간의 지혜로서는 예측할 수가 없다. 분명히 인간 만사는 새옹지마의 고사와 같은 일면(一面)이 있는 것을 알 수가 있다. 우리는 우리 앞에 닥쳐오는 길흉 화복에 대해 너무 기뻐할 일도 아니요, 너무 슬퍼할 일도 아니다.

복이 화의 근원이 되고, 화가 복의 근원이 되는 일이 인간 생활에는 얼마든지 있다. 화가 왔다고 해서 너무 슬퍼 할 일도 아니요, 복이 왔다고 해서 너무 기뻐할 일도 아니다. 인간 세사(世事)는 한 치의 앞도 예측하기가 어려워서, 인간 세사는 불가지(不可知)요 불가측(不可測)이라 하지 않던가! 앞일을 예측할 수 있다면 나타나는 대로 대비하면 되지만, 그저 막연히 별일이 없을 것이라는 생각으로 살아간다.

세상을 살다 보면 마음에 들지 않는 일이 너무 많다. 내 뜻대로 세상 일이 이루어진다면 세상 살기가 결코 어렵지 않을 것이다. 흉사(凶事)를 원하는 자는 아무도 없고, 길사(吉事)를 원하지 않는 자도 아무도 없다. 그러나 세상 일은 원한다고 해서 꼭 이루어지는 것이 아니요, 원하지 않는다 하여 일어나지 않는 것도 아니다. 사람이 할 수 있는 일을 우선 다 하고, 나머지는 하늘의 섭리에 따라 사는 것이 좋으리라 생각된다.

마음에 들지 않으면 들지 않는다고 당당하게 말함이 옳다. 일시적인 체면을 유지하고자, 마음에 들지 않는데도 마음에 든다고 말함은 옳지 않는 일이다. 서로 말 할 것은 말하되 그것이 불화의 원인이 되지 않도록 해야 한다.

밖에 간판에는 양고기(羊頭)를 판다고 써 붙여 놓고는, 안에서는 개고기(狗肉)를 팔면, 겉과 속이 다르다는 지탄을 받는다. 겉으로는 번지르하게 차려 놓고, 속으로는 비열한 짓을 하며 사는 것을 양두 구육(羊頭狗肉)격의 생활이라고 한다.

말을 꾸며서 상냥스럽게 하고(巧言), 얼굴 빛을 억지로 꾸며서 부드럽게 하면(令色), 진실성이 부족하다 하여 다른 사람들이 좋아하지 않는다. 남에게 잘 보이려고 아첨 행위를 일삼으면 종래에는 세인의 믿음을 잃는다.

부모님이 하는 말이 때로는 못마땅할 때가 있다. 못마땅하다 하여 감정 표출을 즉석에서 하면 부모님이 싫어한다. 속으로는 받아들이기 힘들더라도 잠시 감정을 억누르고, 웃으며 받아 들여야 한다. 그러면 부모님의 노기를 피할 수 있어 좋을 것이다. 부모님의 마음이 편안해졌다고 느껴졌을 때, 차분하게 사실을 말씀드리면 부모님도 무척 좋아하실 것이다.

형제간에도 의견 충돌이 일어날 수도 있고, 이웃간에도 그런 충돌은 얼마든지 일어날 수가 있다. 직장에서 상사나 동료 간에도 일어날 수 있고, 우연히 만난 사람들과도 일어날 수가 있다. 참는 것 보다 더 큰 미덕은 없다. 순간을 잘 참으면, 참지 못해서 일어나는 큰 어려움을 면할 수 있을 것이다.

나 같은 사람은 평소에 순간적인 반응이 약한데다, 요즘에는 나이까지 들어 실수할 때가 많다. 마음에 들지 않는 일을 웃음으로 받아 들이라 하지만, 결코 쉬운 일이 아니다. 우리가 그런 일을 잘할 때 사람 상호간의 관계는 좋아지고, 사람으로서의 품격(品格)도 높아질 것이다.

우리는 하루에도 수많은 사람들을 만나고, 수많은 일을 겪으며 산다. 그 많은 사람들 속에서 일어나는 그 많은 일들을 아무 탈 없이 잘 해 낼 수 있다면, 그런 사람은 달인(達人)의 경지에 이른 사람이다. 특히 가정에서 서로 다른 개성을 가진 사람들이, 서로 화합하여 잘 살아가는 일은 결코 쉬운 일이 아니다. 그런데도 아무 탈 없이 잘 살아간다면, 화이 부동(和而不同)의 윤리를 잘 지키며 살기 때문일 것이다.

그렇다면 도대체 화이 부동이란 무슨 뜻인가?

개성이 서로 다른 사람들이(不同), 이해와 사랑으로 화합을 이루어 잘 살아 간다면(和), 이를 화이 부동(和而不同)이라고 한다. 두 남녀가 서로 개성이 다른데도 화합을 이루어 잘 살아간다면 이도 또한 화이 부동의 좋은 예가 된다. 개성이 서로 같다(同) 하여 결합시켜 주었음에도 서로 화합하여 살지 못하고 불화하여 살면(不和), 이는 동이 불화(同而不和)의 좋은 예가 된다 할 것이다.

우리는 복잡하고 다양한 세상에서 살고 있다. 이런 다양성의 세상에서 사는 데에 가장 중요한 것은 조화다. 가정이란 할아버지, 할머니, 아버지, 어머니, 아들, 딸, 손자, 손녀 등 개성이 서로 다른 사람들이 모여서 사는 곳이다. 저마다 제 소리를 내며 사는데도 서로 사랑하고 존중하며 살면, 좋은 화합을 이루어 산다 할 것이다.

이런 다양한 인간 관계에서 가장 중요한 것은, 획일주의가 아니요 조화주의다.

마음에 들지 않아도 웃으며 받아들이는 것은 조화를 이루며 살고자 함이다. 조화를 이루는 일은 너와 나를 화목하게 하고, 온 가족과 이웃을 화목하게 한다.

새옹지마의 새옹이 애마(愛馬)를 잃었음에도 슬퍼하지 않았고, 아들의 다리가 절골되었음에도 슬퍼하지 않았다. 길(吉)은 영원히 길(吉)이지 않고, 길 다음에 흉(凶)이 기다리고 있다가 길의 자리를 차지하고, 화(禍)와 복(福)도 또한 그렇게 교차하여 다가온다. 길흉 화복을 교차하여 경험할 때 인간의 생활은 건강하고 건전한 생활이 된다. 늘 길과 복만을 바라는 것이 인지상정(人之常情)이지만, 꼭 그렇게는 되지 않는다. 흉이 마음에 안들더라도 화하여 살고, 화(禍)가 마음에 안들더라도 화(和)하여 살면 이것이 곧 조화를 이루며 사는 것이 된다.

마음에 들지 않더라도 웃으며 받아들여라.
이 세상 모두가 내 뜻대로 되는 것은 아니다.

4 자식에게 이래라 저래라 하지마라 아무리 효자라도 간섭하면 싫어한다

나는 아들만 셋이 있다. 세 놈의 성품은 그런대로 다 좋은 것 같다. 며느리들도 성품이 착하고 가정적이어서 참 마음에 든다. 남편에게 잘 할 뿐만 아니라 자식들에게도 헌신적이다. 모두가 살림 잘하고 다정 다감하여 같이 살기에 좋은 며느리들이다.

시애비는 좀 고지식하고 무뚝뚝하지만 조금도 불편하게 생각하지 않는 것 같다. 딸이 하나 있었으면 했지만 지금은 되레 잘 됐다는 생각이 든다. 딸 키우는 재미가 좋다고는 해도, 나를 닮았더라면, 얼굴이 못생겨 사위감 고르는 데에 무척 힘들었을 것이기 때문이다.

며느리들은 얼굴이 다 예쁘고 섭생을 잘하여 몸도 튼튼하다. 마치 세 딸을 얻어 사는 것 같아 그 기쁨이 크다. 혈윤이라 하여 꼭 좋은 것은 아니다. 혈윤과 같은 정으로 살면, 혈윤이나 다름없는 것이 된다.

손자 손녀가 모두 일곱이고, 더 이상 늘어날 가능성은 없는 것 같으니, 이놈들로 만족을 해야 할 것 같다. 이 놈들과 같이 어울려 보면 모두의 성품이 밝고 순진 무구(純眞無垢)함을 느낀다. 이대로만 잘 자라준다면 자랑스러운 정씨(丁氏) 가문의 후손이 될 것 같다.

결혼은 했으되 아이가 없으면 그보다 더 큰 근심은 없다. 일을 해도 재미가 없고, 세상을 살아도 사는 것 같지가 않다. 자녀가 있으면 아무리 힘든 일을 해도 일의 어려움을 모른다. 부모는 기쁨이 커도 겉으로는 나타내지 않고, 근심 걱정이 커도 차마 나타내지 않는다.

자녀에 대한 부모의 욕심은 커서 부모가 원하는대로 되어 주기를 바라지만 꼭 그렇게 되는 것은 아니다. 불면 날아갈까, 쥐면 부러질까. 그야말로 애지중지(愛之重之), 금지 옥엽(金枝玉葉)으로 키운다. 부모의 자식에 대한 사랑은 일편 단심(一片丹心) 변함이 없고, 눈을 감기 전에는 자식 잘 되기를 바라며 산다. 어미소가 송아지를 핥듯 그런 지독지정(舐犢之情)으로 자식을 키운다.

"자녀들아 주 안에서 너희 부모에게 순종하라. 이것이 옳으니라. 네 아버지와 어머니를 공경하라. 이것은 약속이 있는 첫 계명이니 이로써 네가 잘 되고 땅에서 장수하리라. 또 아비들아 너희 자녀를 노엽게 하지 말고 오직 주의 교양과 훈계로 양육하라."(엡 6:1-4)

참 좋은 글귀다. 자녀들이 이 세상에서 잘 되고 장수하는 길은 부모에게 효도하고, 부모 공경하기를 첫째 계명으로 알고 사는 일이다. 부모 역시 자녀들이 노여워하는 일이 없게 하고, 자녀 양육하기를 오직 하나님의 교양과 훈계로 하라 하였다. 이렇게 하면 장유 유서(長幼有序)의 본이 서고, 부자 유친(父子有親)의 관계가 유지되어 가정은 튼튼하고 화목한 가정이 된다.

세상이 어찌나 많이 변했던지, 부모가 하는 일이 마음에 들지 않으면 부모에게 대들어 싸우기도 한다. 부모를 설유(說諭)

하여 잘못을 고치도록 하는 것은 좋은 일이나, 부모를 거역하는 일은 옳지 못한 일이다. 부모의 은혜는 하늘보다 더 높다 하였거니와, 부모를 임금의 자리에 오르게 한다 해도 그 은혜는 다 갚을 수가 없다 하였다.

옛날 시조를 한 수 읊을까 한다.

부효(父爻) 날 낳으시니 은혜 밖에 은혜로다
모효(母爻) 날 기르시니 덕 밖에 덕이로다
아마도 하늘같은 이 은덕을 어디 다 혀(견주어) 갚사오리
(金壽長/海東歌謠)

거의 비슷한 내용의 시조를 한 수 더 읊어 부모님의 은덕을 기리고자 한다.

아버님 날 낳으시고 어머님 날 기르시니
두 분 곧 아니면 이몸이 사라사랴
하늘같은 은덕을 어데 다 혀 갚사오리(鄭徹/松江歌辭)

가지 많은 나무는 바람 잘 날이 없다 하였다. 자식을 많이 둔 부모는 근심 걱정이 그칠 날이 없어, 평생을 자식 걱정을 하며 산다. 열 아들을 양육하는 어버이는 있어도, 열 아들이 어버이 두 분을 봉양하지 못한다. 부모의 자리는 하늘이 내린 자리여서 아무리 나쁜 아비도 자식이 잘못 되는 것을 바라지 않는다.

자식은 부모의 행위를 비치는 거울이라 하였다. 그 부모를 보면 그 자식을 알 수 있고, 자식이 부모에게 효도하는 것을 보면 그 자식의 성품을 알 수 있다 하였다. 혼사시(婚事時)에

상대방의 가품(家品)을 중요시 하는 것도 그래서 하는 말일 것이다.

영국의 유명한 극작가요 소설가인 "버나드 쇼"라는 사람이 있었다. 그가 어느 날 "이사도라 던칸"이라는 미국의 이름난 발레리나를 만났을 때의 일이다. 그녀가 "저처럼 아름다운 육체를 가진 사람이 당신과 결합하여, 당신처럼 두뇌가 명석한 아이를 낳는다면 얼마나 좋겠어요."라고 말하자, 버나드 쇼는 "저와 같이 빈약한 육체에 당신과 같이 우둔한 두뇌를 가진 아이가 태어나면 그보다 더 불행한 일이 어디 있겠소."라며 그녀의 제의를 거절했다는 일화가 있다.

대개 자식은 부모를 닮아 태어난다 하거니와, 아무리 부족하게 태어나도, 한 가지 재능은 꼭 가지고 태어난다. 그 재능을 개발하지 못하면 영원히 묻히는 것이 되지만, 잘 개발만 하면, 그 재능은 잘 발휘되어 세상을 빛나게 할 수 있을 것이다. 무엇이 잘 안된다 하여 부모만 원망할 것이 아니요, 그 재능이 개발되도록 노력을 하면, 자식은 자기가 가야할 길을 좇아가게 될 것이다.

자식은 품안의 자식이 자식이라는 말이 있다. 자식이 자라 품안에서 벗어나면, 자기 스스로 자란 양 부모의 말을 듣지 않는다. 부모가 듣기 싫은 소리를 하면 자기의 일에 간섭한다 하여 듣기를 거부한다. 그들이 성장하여 독립된 인격체가 되면, 그것이 그대로 굳어져서 고집 불통의 융통성이 없는 사람이 된다.

자식이 마치 자기의 전유물인 양 함부로 대하다간 그들로부터 큰 저항을 받는다. 크게 잘못하지 않으면 그냥 그들이 하는 대로 하게 놔두는 것이 좋다.

사람이 당하는 학대 중에 노년 학대보다 더 큰 서글픔은 없다. "늙기도 설워라거든 짐조차 지실까"라는 어느 시조의 구절처럼, 늙는 것도 서러운데, 학대마저 당하면 그지없이 슬플 것이다. 그 많은 학대 중에 자식들로부터 당하는 학대가 50% 이상이나 된다고 하니, 무자식이 상팔자라는 말은 그냥 하는 말이 아니다.

학대하는 자는 훗날 크게 학대를 받는다. 천도(天道)는 결코 무심하지 않고 유심(有心)한 것이다. 그들이 늙었을 때는 그들의 자식들로부터 가혹한 학대를 받을 것이다. 인과 응보(因果應報)의 법칙은 가혹하리만큼 무섭다. 하늘은 그런 자들을 그냥 놔두지 않는다. 선인 선보(善人善報)하고, 악인 악보(惡人惡報)로 보응한다. 선은 선순환하고 악은 악순환한다.

부모가 돈이 없으면 학대하고, 병에 걸려 귀찮으면 학대한다. 몸에서 냄새가 난다하여 학대하고, 몸이 추하다 하여 학대한다. 잔소리 한다고 학대하고, 돈 달라하면 학대한다.

세상의 자식들이여! 부모를 학대하지 마라. 부모를 학대하면 너희들이 늙어 힘이 없을 때 자식들로부터 학대를 받는다.

세상의 부모들이여! 자식들에게 너무 퍼주지 말고 말년에 쓸 것을 꼭 남겨두어 말년을 편케 하라. 날마다 운동 열심히 하여 병에 걸리지 않게 하고, 어쩌다가 병에 걸리면 하루 밤 사이에 노송(老松)이 무너지듯 가게나. 날마다 몸을 잘 씻어 냄새나지 않게 하고, 옷도 추레하게 입지 말고, 몸에 향수도 뿌려 젊은 시절처럼 몸 단속에 힘을 쓰라.

말년의 행복을 자식들에게서 찾으라. 자식들과 잘 지내면 천군 만마(千軍萬馬)를 얻은 듯 그 기쁨이 크다. 자식들로부터 외면 당하면 그 슬픔 또한 큰 것이다. 부모는 자식들에게 잘하고, 자식들은 부모에게 잘해야 한다. 이 세상에 그보다 더 아름다운 것은 없을 것이다. 서로가 돕고 의지하며 살면, 서로가 편하여 세상 살기에 좋고, 이 세상에 와서 살다 가는 기쁨이 클 것이다.

자식들에게 이래라 저래라 하지 마라.
아무리 효자라도 간섭하면 싫어한다.

5 젊은이들과 어울려라 젊은 기분이 유입되면 활력이 생겨난다

나는 고희(古稀)의 중반에 이르렀는데도 이렇게 글을 쓸 수 있으니 천복(天福)을 누리며 사는 사람 같다. 남은 세월이 얼마나 되려는지는 모르지만 결코 많은 세월은 아닐 것이다. 앞으로 어떤 모습으로 변할지는 알 길이 없으나, 필연 다른 사람들이 가는 길을 따라 갈 것이다. 힘은 없어 걷기가 힘들고, 노태는 더덕더덕 끼어 보기에 흉하고, 얼굴과 피부에는 주름살이 깊게 잡혀, 마지막 가는 인생의 추한 모습을 나타낼 것이다.

얼마 전에 평소 잘 알고 지내는 한 지인(知人)이 노인당 부회장이 되었다며, 노인당에 놀러 오라고 했지만 일언지하(一言之下)에 거절했다. 이유인즉, 내가 지금 노인의 길에 들어선지 오래지만, 모르는 노인들과 새로 어울리는 일이 어쩐지 싫었기 때문이다. 초록(草綠)은 동색(同色)이요, 유유 상종(類類相從)이라는데, 왜 그러는지는 나도 잘 모르고, 어쩐지 싫다는 이유 이외에는 다른 이유가 없다.

그렇다 해서 젊은이들 사이에 끼기를 좋아하느냐 하면 그렇지도 않다. 노인은 노인과 어울려야 하고, 젊은이는 젊은이와 어울리는 것이 제격에 맞다. 노인이 젊은이들 사이에 끼어 있으면 옥에 티 격으로 보기에 흉하고, 젊은이 역시 노인 사이에 끼어 있으면 개밥에 도토리 격으로 잘 어울려 보이지 않는다.

지금까지 내가 참여했던 모임이 몇 개 있었지만, 지금은 거의 다 그만 두고 딱 세 개만 남아 있다. 그 중의 하나는 교직에서 같이 근무했던 동료들이 한 달에 한 번씩 모이는 모임이다. 허물없이 만날 수 있는 사이여서 좋고, 그간의 소식을 알고자 하여 거의 빠지지 않고 나간다.

사람은 노쇠해 가면서 그가 가지고 있었던 것을 하나씩 버리게 된다. 그러다가 세상을 떠나는 그날, 하나도 남김없이 다 버리게 되면 세상과의 모든 인연은 끝난다.

노인들이 하는 운동은 고작해야 몇 가지가 있지만 이를 젊은이들에게 하라 하면 질겁을 할 것이다. 물론 할 수야 있겠지만 격에 맞지도 않고 보기에도 흉할 것이다. 요즘 젊은이들 중에 운동장이나 공원 트랙을 도는 사람은 거의 없고, 돈다 하더라도 달려서 돈다.

이렇게 모든 것이 서로 맞지 않다 보니, 젊은이는 젊은이대로 늙은이는 늙은이대로 그들이 원하는 길을 찾아 행한다. 노인이 젊은이 흉내를 내다간, 마치 뱁새가 황새를 따라 잡으려다가 다리가 째지는 불행을 겪을 것이고, 젊은이 역시 노인 흉내를 내려 하지 않는 것은, 어쩐지 그렇게 하고 싶지 않기 때문일 것이다.

나이든 사람은 그들의 나이에 맞게 처신해야 하고, 젊은이 역시 그들의 나이에 맞게 처신해야 한다. 노인은 몸이 약해지니 마음마저 약해져서 무엇을 하고자 해도, 할 의욕이 나지 않는다. 세월과 함께 힘을 잃고, 힘을 잃으니 자연 일에 흥미를 잃게 된다.

늙는 것을 막을 길이 없고, 억지로 세월에 반항해 본들 아무 소용이 없다. 그저 바램이 있다면 곱게 늙고 마음 편히 살다

가는 일이다. 찌그러진 심벌즈 소리를 들으며 살 것이 아니요, 아름다운 교향곡에 맞추어 춤을 추며 사는 일이다.

옛 시조를 한 수 읊어 시름을 달래고자 한다.

뉘라서 날 늙다는고 늙은이도 이러한가
꽃 보면 반갑고 잔 보면 웃음난다
춘풍에 흩나는 백발이야 낸들 어이하리오(李仲集/青丘永言)

기왕 읊은 김에 한 수 더 읊어, 가는 세월을 원망치 않고, 곱게 늙을 채비를 하는 것이 어떨까 한다.

사람이 늙은 후에 또 언제 젊어 볼꼬
빠진 이 다시 나며 센 머리 검을손가
세상에 불로초 없으니 그를 설워하노라(李鼎輔/海東歌謠)

"하루 해는 저물었으되 노을은 아름답고, 한 해가 저물었으되 귤향기가 더욱 꽃 다웁다. 마지막 길이라 하여 취생(醉生)하여 살 일인가."(菜根譚)

뭐니 뭐니 해도 젊었을 때가 좋다. 이미 산 세월이지만 좋은 줄을 모르고 살았다. 세상일이란 다 지난 다음에는 아쉬움을 느낀다. 청춘은 인생의 꽃이요 춘향(春香)처럼 그 향기가 짙다. 힘이 넘치니 일하기 좋은 때이고, 심장의 고동이 힘차니 혈맥의 순환이 활기차다. 살 날이 많으니 착목(着目)하는 곳도 멀고, 꿈이 크니 이상도 원대하다.

몸매가 아름답고 얼굴엔 윤기가 흐른다. 눈빛은 맑고 빛나며 발걸음에는 활기가 넘친다. 피가 더운지라 시작한 일에 실패를 두려워하지 않는다. 불의를 싫어하고 옳은 일에는 목숨을 건다. 측은지심(惻隱之心)이 좋아 불우한 이웃을 돕고, 협동하는 마음으로 서로 도우며 산다. 의욕이 강해 늘 진취적이고, 뜻이 높으니 소망도 크다. 나오는 말들이 바르고 당당하고, 자존심이 강하지만 이해심도 깊다. 부귀에 음(淫)하지 않고 빈천(貧賤)에도 지조를 굽히지 않는다.

청춘 예찬(青春禮讚)을 좀 했다. 청춘은 앞날이 많은 황금기이고, 그래서 하는 일도 많다. 도전도 많지만 실패도 많다. 우리의 영광은 실패하지 않는 것이 아니요, 실패했을 때 일어서는 일이다. 젊은이는 실패를 거듭해도 두려워하지 않는다. 실패는 병가지상사(兵家之常事)이니 칠전 팔기(七顚八起)하여 일어선다. 실패했을 때 일어서지 못하는 것보다 더 부끄러운 일은 없다. 불굴(不屈)의 의지로 성공하고 승리의 정상에 올라 호연지기(浩然之氣)를 편다.

크게 성공한 사람의 기록에는 실패의 기록이 꼭 있다.

노인에게는 평정(平靜)과 무외(無畏)와 자유(自由)가 필요하다. 어려움이 닥쳐와도 흔들리지 않고 마음의 평정을 유지하라. 어떤 일에 부딪치더라도 두려워하지 마라. 이것이 무외다. 이 세상에서 제일 무서운 것이 죽음이다. 살만치 살았으면 갈 채비를 해야 한다. 조금 아쉽더라도 이만큼 살다 가는 것에 감사하라. 마음이 세상의 부질없는 것에 매여 있으면 자유인이 아니다. 다 털어 버리고 자유인이 되어 하늘을 비상하라.

남을 원망하지 말고, 남을 미워하지 말 것이며, 다 용서하라. 늙었다하여 움츠리지 말고, 몸이 불편하다 하여 우울한 표정을 짓지 마라. 아무 일이라도 찾아서 행하고, 하다 못해 생각을 굴려 글이라도 쓰라. 종이가 아깝거든 아무 데나 써보라. 설령 지가(紙價)가 좀 오른다 해도 탓할 사람은 아무도 없다. 젊은

이들과 어울리기가 싫으면 마음이라도 젊은이들처럼 힘차게 살아라. 마음이 살아 있으면 세상 사는 일이 훨씬 더 즐겁고 좋을 것이다.

나는 젊은이들과 비교적 많이 어울리는 편이다. 교회에 가면 나이든 사람들도 많지만 젊은이들이 더 많다. 그들 속에 끼어서 그들의 생각도 들어보고 또 나의 생각도 말하며 그들과 어울린다. 그러기를 계속하다 보니 몸도 마음도 훨씬 더 건강해지는 것 같은 생각이 든다.

젊은이들과 어울려라.
젊은 기분이 유입되면 활력이 생겨난다.

6 모여서 남을 흉보지 마라 나잇값 하는 어른만이 존경을 받는다

남의 흉을 보지 않고 사는 사람이 있다면 그 사람은 드물게 보는 훌륭한 사람이다. 나 역시 남의 흉을 보면서 사는 사람들 중의 한 사람이다. 나도 분위기를 봐서 조금씩 흉을 보면서 사니, 아직 사람이 되기에는 먼 사람이다. 허물이 없는 사람이 없다 할 만큼 모든 사람은 다 크고 작은 허물을 가지고 산다.

"나쁜 소문은 빨리 퍼진다."(Ill news runs apace.)는 말이 있다. 나쁜 소문일수록 상대방의 부끄러운 부분이어서, 이를 덮어 줌이 마땅한 일임에도, 사람들이 그렇지 않으니 사람보다 더 잔인한 동물도 없는 것 같다.

사람들은 남의 흉을 보는 데서 쾌감을 느끼고, 듣는 사람도 역시 그러하니 사람처럼 사악한 동물도 없다. 한 번 나타난 소문은 그 주폭(走幅)이 커서 눈 깜짝할 사이에 수만 리를 주파한다. 흉문(凶聞)일수록 더욱 그러하니, 흉문에 얽힌 인간의 심사(心思)가 이상 야릇하여 그렇게 된다.

너와 나의 두 사람 간의 비밀로 하자고 해도, 그 비밀이 지켜지는 경우는 거의 드물다. 두 사람이 금석 맹약(金石盟約)으로 약속을 해도 그 약속은 아무 소용이 없다. 더군다나 요즘 사람들의 입은 깃털처럼 가벼워서 남의 흉보기를 다반사(茶飯事)로 한다. 그러다 보니 윗사람들은 아랫사람들로부터 존경을 받지 못하고, 아랫사람들 역시 그들간의 믿음이 없어진다. 나도 이 글을 쓰면서 마음에 느끼는 바가 크지만, 이런 느낌이 얼마나 오래 지속될지는 알 수가 없다.

"가랑잎이 솔잎더러 바스락 거린다고 한다."는 말이 있다. 자기 허물이 더 큼에도 이를 깨닫지 못하고, 남의 허물만을 들추어 말한다는 뜻이다. 이는 마치 똥 묻은 개가 겨 묻은 개를 나무라는 격이나 다름이 없다. 서로 흉볼 수 없는 사이인 것을 알면, 서로 자제함이 옳은데도 그렇지 못하니 안타까울 일이다.

자기의 허물은 보이지 않고 남의 허물만 크게 보이는 법이다. 남의 흉 보기에 재미를 붙이면, 부끄러운 줄도 모르고 그 일을 계속한다. 시어미가 며느리 흉을 보고, 며느리 역시 시어미 흉을 본다. 그러다 보면 양자의 사이는 견원지간(犬猿之間)이 되어 양자 간의 갈등은 날로 점고(漸高)된다.

남녀 간에 몇 사람만 같이 모여도, 거기에는 반드시 자기 집안의 흉 허물이 터져 나온다. 자기 남편이나 아내의 이야기가 나오고, 자기 집안의 모든 일들이 여과(濾過)없이 터져 나온다. 말하는 사람이나 듣는 사람이 모두 대단한 흥미를 가지고 그렇게 한다. 때로는 박장 대소(拍掌大笑)가 터져 나오고, 그러다가 흥이 정점에 오르면, 자기 집안의 온갖 치부(恥部)까지도 다 드러난다. 그 자리가 점점 더 재미있는 자리가 되면 그 자리에 모인 모든 사람이 그 일에 동참하여 즐긴다. 처음에는 작은 허물을 이야기하다가, 분위기가 좋아지면, 큰 허물까지를 다 이야기하게 되니, 처음에는 바늘만 훔치던 사람이, 나중에는 큰 소도 함부로 훔치는 대도(大盜)가 된다.

말은 말로서 끝나는 것이 아니고, 남의 흉을 계속 보게되면,

마음까지 악해져서, 나중에는 나쁜 일도 서슴없이 저지르게 된다. 허물을 보면 그 사람을 안다 하였다. 도둑질하는 것을 보고 그 사람을 알고, 간음하는 것을 보고 그 사람을 안다. 어진 사람이라 하여 허물이 없는 것은 아니다. 어진 사람도 허물이 있는 것은, 그 허물을 고치고자 해도 잘 고쳐지지 않기 때문일 것이다. 남의 허물을 말하기 전에 먼저 내 허물은 없는지 한 번쯤 꼭 살펴 볼 일이다.

내가 만일 남의 흉을 보게 되면 내 입이 추하게 되고, 내 입만 더러워지는 것이 아니라 마음까지도 더러워진다.

이 세상에 흉없는 사람은 없다. 아무리 완벽한 사람도 다 허물이 있는 것이다. 우리 모두가 흉볼 수 없는 사이인데도 흉보기를 즐긴다. 옛말에 "깨어진 남비와 꿰맨 뚜껑"이라는 말이 있다. 세상 모든 일에 허물없는 것이 없으니 남의 허물을 감싸줌이 곧 나의 허물을 감쌈이 된다.

옛말에 천려 일실(千慮一失)이라는 말이 있다. 현자(賢者)가 제 아무리 많은 생각을 해도 잘못을 저지른다는 말이다. 겨울바람이 자기 추운 것은 생각하지 않고 봄바람 보고 춥다고 나무라는 세상이 되었다. 남의 자식 흉보지 말고 내 자식 먼저 가르쳐야 하고, 남의 입 속의 가시를 뽑을 일이 아니요, 내 입 속의 전봇대를 먼저 뽑을 일이다.

남의 잘못을 꼬치꼬치 캐 묻는 악취미는 누구에게나 있다. 나도 언제부터인지는 몰라도 그런 악취미가 있다. 그야말로 속물적인 근성이어서 나도 할 말이 없다. 이 요망스러운 인간이 만물의 영장(靈長)이라 일컬음을 받으니, 참 알고도 모를 일은 인간의 일이 아닌가 싶다.

나의 허물이 남의 입에 오르내리는 것보다 더 불쾌한 일은 없다. 말하는 사람은 즐겨 말하지만, 당하는 사람은 밤잠을 못 자며 괴로워 한다. 남의 허물을 말하기 전에, 자기 허물을 고치는 데에 서슴치 않아야 하고(改過不吝), 허물이 있으면 기탄없이 버릴 줄 아는 용기있는 사람이 되어야 한다.(過則勿憚改)

옛 시조를 한 수 읊어 허물 고치며 살기를 기원한다.

> 세상 사람들이 입들만 성하여서
> 제 허물 전혀 잊고 남의 흉만 보는구나
> 남의 흉 보거라 말고 제 허물을 고치과저(미상)

말은 잘만 하면 천 냥 빚도 갚을 수 있고, 의사 소통도 잘 되어 서로의 관계가 좋아진다. 남의 허물을 들추어 올리면 서로의 관계는 어려워 지지만, 남의 좋은 점만을 찾아 칭찬해 주면, 인간 상호간의 관계는 더욱 좋은 관계로 발전할 수 있을 것이다.

남의 흉을 보는 일은 대개 여러 사람이 있는 데서 이루어진다. 남의 흉을 보는 일이나 듣는 일은 거의 본능적으로 이루어지는 일이어서, 한 쪽에서 입을 열기만 하면 자연스럽게 이루어진다. 말하고자 하는 호기심이나 듣고자 하는 호기심이 접점에 이르면 그 일은 흥미진진하게 진행된다. 그러나 나이가 많은 사람은 그간에 쌓은 경륜에 의하여 이를 자제함이 옳은 데도, 그러지 못하고 입을 함부로 놀리다가 나이 값도 못한다는 질타를 받게 된다.

어른으로서 존경을 받고자 하면 입을 열고 닫음에 신중해야 한다.

내 허물이 다른 사람에 의하여 이야기 될 때, 내 기분은 어떠할지를 늘 생각하며 살 일이다.

모여서 남을 흉보지 마라.
나잇값 하는 어른만이 존경을 받는다.

7 성질을 느긋하게 가져라 조급한 삶이 언제나 먼저 간다

장수하려면 유유(悠悠)히 살아가라는 말이 있다. 좋은 말 같아서 나도 그렇게 해 보려고 하지만 잘 되지 않는다. 꼭 오래 살고 싶어서가 아니다. 그런 생활 태도가 마음에 들기 때문이다.

강유 겸전(剛柔兼全)이라는 말이 있다. 강하고 부드러운 양면을 다 갖추고 있다는 뜻이다. 너무 강하면 부러지기가 쉽고, 너무 약하면 처져서 일이 잘 되지 않는다. 너무 강할 때는 좀 부드럽게 하고, 너무 약할 때는 좀 강하게 하여, 강(剛)과 유(柔)가 서로 조화를 이루면 일이 더 잘 될 수 있을 것이다.

남이 나보다 앞서가면 그를 따라 잡으려고 조급한 마음을 먹는다. 힘이 있으면 몰라도, 마음만 조급하게 먹다가는 힘이 부쳐서 할 일을 못한다. 내가 남보다 앞서 가면 때로는 자만에 빠져 일을 그르치기에 이른다. 무슨 일이든 자만에 빠지면 될 일도 되지 않는다. 힘이 없으면서도 마음만 급하게 먹으면 될 일도 되지 않는다.

세상을 살되 늘 힘을 길러 놓아야 하고, 힘만 길러 놓으면, 필요할 때 언제든지 그 힘을 풀어서 쓸 수가 있다. 힘을 길러 놓지 않으면 아무리 좋은 기회가 와도 붙잡지 못하고 만다. 힘이 없다 하여 비관해서도 안되고, 힘이 넘친다 하여 낙관해서도 안된다.

백 리 길을 가는 자는 결코 달리지 않는다. 서두르지 않고 천천히 가되 쉬지 않고 꾸준히 가야 한다. 푸른 하늘을 나는 흰구름은 막히는 데가 없이 유유히 난다. 조급히 서두르는 일이 결코 없다. 계곡을 만나면 계곡에서 쉬어 가고, 산등성이를 만나면 산등성이를 감돌아 간다. 조급히 서두르는 일이 없이 넓은 하늘을 날아 멀리에까지 이른다.

인생 행로는 걸어가기 좋게 만들어진 대로(大路)는 아니다. 구절 양장(九折羊腸)처럼 구불구불하기 그지없는 길이다. 결코 장미의 화로(花路)처럼 아름다운 길이 아니다. 굽은 길은 돌아서 가고, 가다가 힘들면 쉬어 가고, 달려야 할 때는 달려서 가야 한다. 무슨 일이든지 무리하지 말고 너무 서둘러 행해서는 안된다. 자기 힘에 맞게 힘을 풀어서 서서히 행해야 한다. 유유히 살아가는 자가 성공의 정상에 오르고, 건강을 얻어 오래 산다.

옛말에 욕속 부달(欲速不達)이라는 말이 있다. 서둘러 이루고자 하면 결코 이루지 못한다는 뜻이다. 무슨 일이든지 신중히 생각하여 행하고, 큰일일수록 서둘러 행할 일이 결코 아니다. 서둘러 행하다간 후회하는 경우가 많기 때문이다.

오다 가다 만난 사람들도 잘 사는 경우가 있고, 오랜 사귐을 통해 결합한 사람들도 잘못 사는 경우가 있다. 그렇다 해서 이런 예를 본 받을 일은 결코 아니다. 큰일일수록 신중하게 생각해서 행해야 후회할 일이 없어진다.

일이 급하다 하여 번갯불에 콩을 궈먹듯 해서는 안되고, 배가 고프다 하여 싸전에 가서 밥 달라고 하는 우(遇)를 범해서도 안된다. 아이가 들어서기도 전에 포대기부터 장만해서는 안되고, 목이 마르다 하여 우물에 가서 숭늉을 내놓으라고 해서도 안된다.

옛말에 주마 가편(走馬加鞭)이라는 말이 있다. 달리는 말에 매질을 해서는 안된다는 뜻이다. 말이 매를 견디지 못하면 화를 내기에 이르고, 화를 내면 엉뚱한 데로 달아나 가던 길을 망친다. 달리는 말을 매질한다고 하루에 한양까지 갈 수 있는 것도 아니다.

달리는 말을 타고서는 산과 들을 잘 구경할 수가 없다. 아무리 잘 한다 해도 잘 살펴볼 여유가 없기 때문이다. 이런 것을 일러 주마간산격(走馬看山格)이라고 한다. 그래서 속담에 "서두르면 낭비가 크다."(Haste makes waste.) 하였다. 아무리 바빠도 서두르지 못하게 하고, 바쁘다 하여 서두르다간 "한 가랑이에 두 다리를 집어 넣는 일"이 생긴다.

조급히 서두르다간 발이 삐고, 발이 삐면 마음까지 삔다. 마음이 삐면 화를 내기가 쉽고, 화를 내어 시작한 일은 실패하기가 쉽다. 아무에게나 욕설을 퍼붓지 마라. 욕설을 퍼붓는 일은 흥분해서 하는 일이다. 잠시의 흥분으로 영원한 친구를 잃을 수도 있다. 화는 만악(萬惡)의 근본이고, 화를 내어 하는 일은 제 정신으로 하는 일이 아니다.

평소에 침착하고 사리에 밝은 사람도 흥분에 사로 잡히면 사람의 이성을 잃는다. 사람이 이성을 잃으면 행동이 사나워진다. 자기의 마음을 올바르게 표현하려면 자기 자신을 냉정하게 억제할 줄 알아야 한다.

마음을 느긋하게 갖는 사람은 언제나 마음의 평정을 유지한다. 마음에 평정을 얻어 살면, 몸도 마음도 편해져서 건강한 사람이 된다. 조급한 마음을 가지면 몸의 균형이 깨지고 몸의 균형이 깨지면 건강도 깨진다. 그러기를 계속하다간 오래 살지 못하고 간다.

인생은 단거리 경주가 결코 아니다. 장거리를 가야하는 마라톤과 같은 것이다. 인생의 길은 많은 어려움을 겪으며 살아야 할 긴 여로(旅路)다. 서서히 힘을 풀어서 80, 90년의 세월을 살아야 할 먼 길이다. 조급히 이루려는 마음으로 한 번에 힘을 다 쓰게 되면, 나중에 쓸 힘이 없어진다. 힘을 잘 안배하여 쓰고, 잘 풀어서 느긋한 마음으로 살아야 오래 산다.

인생이란 역경과 순경을 수없이 거듭하며 살아야 할 긴 여정(旅程)이다. 순경의 날엔 오만하지 말고 역경의 날엔 좌절해서는 안된다.

거북이가 토끼를 이기는 이솝의 우화는 결코 평범한 이야기가 아니다. 잘 명심하여 살면 생활에 큰 귀감이 될 것이다.

십이지간(十二支干)이란 열두 동물을 말한다. 신(神)이 열두 동물을 일렬로 세워 놓고 경주를 하게 했다. 그런데 그 열두 동물 중에는 쥐라는 놈이 들어 있었다. 소, 호랑이, 토끼, 용, 뱀, 말, 양, 원숭이, 닭, 개, 돼지들이다. 이들을 일렬로 세워 놓으니, 쥐란 놈이 체구가 가장 작아 보였다.

아무리 생각해 봐도 그 큰 동물들과 겨루어 낼 자신이 없었다. 그래서 정직하고 믿음성이 있는 소에게 다가가서 자기 사정을 이야기 했다. 그랬더니 자기 등에 올라타라고 했다. 그러나 마지막 결승점에 가서 자기를 앞질러 가서는 안된다고 했다. 그러나 결승점에 이르자 쥐에게 새로운 욕심이 생겼다. 소 등에서 뿌르르 내려와 결승점에 먼저 도달하게 되었다. 큰 잘못이었다. 그러자 신이 그에게 저주를 내려 평생을 습기가 있고 그늘진 곳에서 살게 하고, 많은 새끼를 낳는 고통을 주어 살게 했다는 이야기가 있다. 그 때 그 경주에서 들어온 순서가 곧 자(子:쥐), 축(丑:소), 인(寅:호랑이), 묘(卯:토끼), 진(辰:용), 사(巳:뱀), 오(午:말), 미(未:양), 신(申:원숭이), 유(酉:닭), 술(戌:개), 해(亥:돼지)가 된 것이다.

소의 충직성이야 만인이 다 아는 것이어서, 소가 하는 일이면 모든 일에 믿음이 간다. 조금도 서두르지 않고 꾸준히 일을 해서 인간을 도와, 인간을 이롭게 한다. 소의 정직성은 아무리 높이 평가해도 좋을 만큼 좋은 성품이다. 그래서 호랑이나 말, 개와 같은 날랜 동물들을 다 제치고, 맨 먼저 결승점에 도달하는 영광을 누리게 된 것이다. 성질을 느긋하게 먹는 사람이 건강하고 오래 살다 간다.

성질을 느긋하게 가져라.
조급한 사람이 언제나 먼저 간다.

8 매일 목욕으로 몸을 깨끗이 하라 그래야만 사람들이 피하지 않는다

요즘 우리나라 사정도 많이 좋아져서, 목욕 시설이 없는 가정이 없다. 마음만 먹는다면 하루에 몇 차례고 몸을 씻는 일은 그렇게 어려운 일이 아니다. 요즘 사람들은 건강에 대한 관심도 커서, 매일 산책이나 운동을 하고 나면, 몸에 난 땀이나 불순물을 씻어내어 몸을 깨끗이 한다.

며칠 전의 일이다. 한 할아버지 옆에서 어린 손자놈이 손으로 코를 막고, 얼굴을 옆으로 돌리고 앉아있는 모습이, 어느 광고지에 나온 것을 보았다. 할아버지 몸에서 고약한 냄새가 난다 하여, 손자놈이 그런 모습을 취한 것이다. 참 서글픈 일 중의 하나여서 달리 할 말이 없다.

암내와 관련된 이야기를 하나 할까 한다. 언젠가 학생들을 데리고 엠티(M.T.)를 가서, 원어민과 같이 한 방에서 잔 적이 있다. 나는 아랫목에 자리를 잡고, 그 원어민은 맨 윗목에 자리를 잡았다. 그런데도 그의 몸에서 나오는 암내가 어찌나 고약하던지, 온통 방안이 암내로 가득 찬 것 같았다. 그런 사정이 있어서 나와의 거리를 멀리 유지하려고 했었던 것 같다.

여름철에는 가벼운 내복 차림으로 자는 것이 마땅한 일인데도, 무거운 옷을 칭칭 감고 자는 것은, 나를 의식한 나머지 그런 고생을 하는 것 같았다. 구취제(驅臭劑) 같은 것을 뿌려 냄새를 제거할려고 해도 잘 되지 않아 그랬던 것 같다. 아침 일찍이 화장실에 들어가서 뭣을 그리 오래 하는지, 다음 사람들이 발을 구르며 기다리다 못해 옆집 화장실로 뛰어가는 소동이 벌어지기도 했다. 암내 처리를 그렇게 오래도록 해야 하는지, 아니면 다른 일이 있어서 그런 것인지는 알 길이 없다.

중국 당나라에 현종(玄宗)이라는 임금이, 양귀비라는 천하일색의 애첩을 데리고 살았다. 그런데 그녀에게는 한 가지 큰 결함이 있었으니, 그것이 바로 다름 아닌 암내가 그녀의 겨드랑에서 나는 것이었다.

아무리 예쁜 아내라도 고약한 암내가 계속 나면 잠자리를 같이 하기가 힘들다. 하루 이틀이 아니고 평생을 그렇게 살아야 한다면 감내(甘耐)하기가 힘들 것이다. 그래서 하는 수 없이 별리(別離)의 불운을 겪는 수도 있다. 그러나 현종은 비염이 너무 심해 그 고약한 냄새를 맡지 못하고 살았다. 그녀의 미색에 너무 깊이 빠진지라 나라가 기우는 줄도 모르고 정사를 소홀히 했다. 그러던 중에 자기의 신하인 안록산(安錄山)이 난을 일으키는 바람에 나라를 버리고 촉(蜀)나라로 도망가지 않으면 아니 되었다. 양귀비는 39세의 아까운 나이에 자결(自決)하는 비운을 겪었다는 비사(悲史)가 전해진다.

옛말에 미인 박명(美人薄命)이요 미인 박덕(美人薄德)이라는 말이 있다. 미인 박명이라는 말은 미인일수록 운명이 기구하고 팔자가 기박하다는 뜻이고, 미인 박덕이라는 말은 얼굴은 예쁘지만 심덕이 약해 마음쓰임이 후덕하지 못하다는 뜻이다. 미인일수록 성미가 까다롭고 사나워 얼굴값을 못하니 경계하여 살라는 말일 것이다. 미인이라 하여 완벽하게 잘 갖추어 있는 것은 아니고, 꼭 한 두 가지의 결함은 가지고 있다고 하니, 그

결함을 감추고 미인 행세를 해야 하는 고민도 클 것이다.

사람의 몸에서는 냄새가 많이 난다. 사람이 깨끗한 것 같아도 실은 깨끗하지 못하고, 더럽기 그지없는 동물이다. 사람의 몸에 난 모든 구멍에서는 부단하게 더러운 배설물이 솟아 나온다. 눈에서는 눈꼽이 나오고, 귀에서는 귓밥이 나오고, 코에서는 콧물이 나오고, 입에서는 불쾌할 정도의 구취(口臭)가 나온다. 하루에 세 차례의 칫솔질로 입안을 닦아낸다 해도, 입안에 서식하는 세균 수는 몇 억 마리에 이른다고 한다. 젊은 남녀들이 하는 뜨거운 키스는, 너무 뜨거워서 그 세균들을 태워 죽일지는 모르나, 자주 할 일은 아닌 듯 싶다. 그냥 몸이 뜨거울 때 한 두 차례 정도 하는 것이 좋을 듯 하다.

사람의 머리에서는 비듬이 소나기처럼 쏟아져 내리고, 온 몸에 난 땀 구멍에서는 땀이 24시간 불철 주야 쉬지 않고 나온다. 여자는 여자대로 남자는 남자대로 찔금찔금 새 나오는 것이 있어서 늘 불결하고 고통스럽다. 입으로 들어간 것은 모두가 아래쪽 배설구로 배설되어 나온다. 옛날에는 어디를 가다가 조난을 당하면 길가의 풀잎을 뜯어서 해결하고, 집에서는 짚이나 신문지 같은 불결한 것으로 처리했지만, 아무리 잘 처리한다 해도 잘 될 리가 없었다. 요즘에는 티슈나 비데 같은 것이 있어서 잘 처리되지만, 나이가 들어 힘이 없으면 화장실에 가는 일조차 어려워진다.

나이가 들면 체형(體刑)은 찌그러질대로 찌그러져서 볼품이 없고, 손가락은 갈퀴발처럼 앙상하고, 얼굴엔 사자꽃이 만발한데다, 몸에서 냄새까지 나면 손자놈들이 가까이 오지 않으려 할 게 뻔하다.

그리고 사람의 입에서는 더러운 욕이 거침없이 쏟아져 나와 상대방을 질식케 한다. 그래서 어떤 사람은 입을 머리의 항문(肛門)이라 하여, 더럽기 그지없는 것으로 폄하(貶下)하기도 한다.

그래서 성경에서는 "입에 들어가는 것이 사람을 더럽게 하는 것이 아니요 입에서 나오는 그것이 사람을 더럽게 하느니라." 라고 하였다. 불가(佛家)에서는 "모든 화(禍)는 입에서 나오고, 일체 중생의 불행한 운명은 그 입에서 나온다. 입은 몸을 치는 도끼요 몸을 찌르는 칼날이다."라고 하였다.

옛말에 구시상인부(口是傷人斧)라는 말이 있다. 입은 사람을 상하게 하는 도끼라는 뜻이다. 입이 물리적으로 더러우면 세균이 득실거려 입안에서 썩은 냄새가 나와, 같이 말하는 사람의 기분을 상하게 한다. 마음 단속을 잘못하여 입에서 나오는 말이 독설(毒舌)이 되면, 그 말은 되레 상대방은 물론 자기를 죽이는 독침과 같은 것이 된다.

나에게도 손자 손녀가 7명이나 된다. 그 놈들이 모두 외지에 살고 있어서 만날 기회가 그렇게 흔하지 않다. 어쩌다가 명절에 집에 내려오게 되면, 내 무릎에 앉기도 하고, 때로는 그 놈들과 같이 어울리기도 한다. 지금까지 별 말이 없는 것을 보면 아직은 괜찮은 모양이다. 내 아직 극노인은 아니어서 그런대로 몸단속을 잘하고 있지만, 불원한 세월에 내가 어떻게 될지는 장담할 수가 없다.

몸이 불편하면 기동이 어렵고, 기동이 어려우면 만사가 귀찮아져서 몸을 씻는 일도 귀찮게 여길 것이다. 그렇게 되면 손자 놈들도 할애비와의 지금까지의 인연에도 불구하고, 코를 막고 돌아서는 일이 벌어질 것이다. 인생의 마지막 가는 길이 다 그럴터인즉, 모든 걸 체념하고 묵종의 길을 따를 수 밖에 없다.

옛날에는 해가 지면 부모님 방에 들어가 이부자리를 펴서 잠자리를 마련해 드리고, 아침에 일찍 일어나 어제 부모님에게 해드렸던 일이 혹시 잘못된 일은 없었는지, 한번 돌아본다고 했다.(昏定晨省)

지금은 부모님이 돌아가시면 당일 탈복을 하고, 상복을 불에 태워 부모님에 대한 흔적을 없애 버린다. 삼우제(三虞祭)라 하여 3일 동안만이라도, 가무 음곡(歌舞音曲)을 삼가고 경건성을 유지하라 하지만, 진정성은 찾아 보기 힘들고 그저 형식으로 행할 뿐이다. 49제(祭)는 꿈 같은 이야기이고, 3년상(三年喪)은 이제는 패병(敗兵)의 가슴에 단 훈장처럼 외롭고 쓸쓸한 태고적 이야기가 되었다. 부모님에게서 냄새가 난다 하여 부모를 멀리하는 경망(輕妄)스러운 세상이 되었다.

물은 무색, 무미, 무취의 것이지만, 물이 없으면 지상의 모든 것은 다 죽는다. 만능적이라 할만큼 위대하고 귀한 것이지만 그 고마움을 모르고 산다. 이 물은 생명에 귀한 것이지만 그 고마움을 모르고 산다. 이 물은 생명에 필요한 것일 뿐만 아니라 생명 그 자체이다. 물의 소중함을 알고, 물을 오염시키는 일을 해서는 안된다.

물은 점점 더러워져서 2급수, 3급수로 떨어져 마시지 못할 물이 되어 가고 있다. 유색(有色) 유미(有味) 유취(有臭)의 물은 죽어가는 물이고, 죽어가는 물을 마시면 우리의 생명도 죽는다.

깨끗한 물을 마시고 깨끗한 물로 우리의 몸을 깨끗하게 씻으면, 우리의 몸은 더욱 건강해질 것이고, 우리의 몸에서 나는 냄새도 자연 없어질 것이다. 그러면 손자놈들도 우리를 피해 도망치는 일이 없이 우리와 친근한 벗이 되어 살게 될 것이다.

매일 목욕으로 몸을 깨끗이 하라.
그래야만 사람들이 피하지 않는다.

9 돈이 재산이 아니라 사람이 재산이다 돈 때문에 사람을 잃지마라

돈에 관한 글은 지금껏 많이 써온지라 별로 쓸 말이 없다. 쓴다 하더라도 중복이 아니면 재탕이 될 것이다. 독자들은 이 글에서 별다른 흥미를 느끼지 못하고, 되레 나를 면박(面駁)하지 않을까 걱정이 된다. 그래도 읽을 만한 글이 되도록 할 것이니 너무 걱정하지 말기 바란다.

생선은 머리 부문의 맛이 좋다하여 어두 일미(魚頭一味)라 예찬하고, 꼬리 부분은 맛이 없다하여 버리기가 십상이다. 기실은 꼬리 부분도 질근질근 잘 씹어 먹으면 그 맛이 유별하여 어미 일미(魚尾一味)가 될 것이다.

나는 나이도 먹을만치 먹어서 이제는 인생의 꼬리 부분을 살고 있다. 돈에 관한 글은, 좋은 글 감이 될 만한 것은 거의 다 빼서 써버리고, 지금 나의 머릿속은 거의 비어 있어서, 남아있는 것이라고는 별로 없다. 인생 말년에 내 놓는 이 꼬리 부분의 글이 어미 특미의 글이 되었으면 하는 소망이 크다.

나는 돈과의 인연은 없지도 않는 것 같다. 그간 다달이 주는 월급으로 잘 먹고 잘 살았으니 재복(財福)도 나쁜 편은 아니다. 자식놈들 대학 교육까지 다 마쳐주고, 집도 사주고, 차까지 사주며 살게 했고, 그것도 세놈을 똑같이 그렇게 했으니, 나도 꽤나 수완(手腕)이 좋은 사람 같다. 앞으로의 일만 걱정이 없으면, 있는 것 다 줘버리고 홀가분한 마음으로 살면 되지만, 노년 무전(老年無錢)보다 더 비참한 것이 없으니 이를 조심하며 살아야 할 것 같다.

나는 이 정도의 복을 누리며 의식에 궁하지 않고 산 것 만으로도 다행 대복(多幸大福)을 느낀다. 돈과의 인연이 좋아 그런 것이지만, 돈에 대한 예찬론(禮讚論)을 쓸 생각은 없다. 그저 부지런히 사는 자가 복을 구하고(勤者求福), 절검하며 사는 자가 복을 아끼며 산다(儉者惜福)는 말 이외에 달리 할 말이 없다.

돈과의 인연이 좋지 않아 무의 적빈(無依赤貧)으로 살았다면, 정리할 것도 없으니, 갈 때도 홀가분하여 좋을 것이다. 자식놈들과 결산할 필요도 없고, 세상과도 셈으로 치를 것도 없으니 오히려 편해 좋을 것이다.

자식놈들에게 한 푼도 줄 것이 없으면 그들을 실망시킬 것이 뻔하지만, 돈과의 인연이 없어서 그런 것이면 어찌하겠는가? 그놈들도 쳐다 보았자 나올 것도 없고, 우려내려 해도 나올 것이 없으면, 체념으로 맘을 달래고, 각자 독립 독행(獨立獨行)으로 제 살 길을 찾아 살 것이다.

부자지간에 아무런 거래도 없이 살면 서로가 편하여 좋을는지 모르나, 부자지간이란 그런 관계가 아니니 서로 잘 이해하며 살아야 할 일이다.

우리 집은 어찌나 집이 가난했던지 수업료를 낼 길이 막연하여 어려움을 많이 겪었다. 이 때나 나올까 저 때나 나올까 기다려도 나올 길이 없으면 어찌하겠는가? 돈이 없어 못 주는 부모 마음보다 더 아픈 맘이 없고, 남의 손에 있는 것이면 당장 훔쳐서라도 주고 싶었을 것이다. 고작해서 농사 조금 지어서 먹고, 쓰고, 자식들 학교에 보내고 했으니, 아무리 생각해

봐도 아버님은 훌륭한 분이셨다. 아버님도 자식들을 큰 재산으로 알고 그들을 잘 가르치고자 안간힘을 다 쓰셨다.

욕심이 없는 것을 과욕(寡慾)이라 하고, 욕심이 너무 많은 것을 과욕(過慾)이라 하거니와, 세상에 바보 천치가 아닌 이상 돈에 대한 욕심이 없는 사람이 어디 있겠는가?

윈스턴 처칠경에 얽힌 이야기를 하나 할까 한다.

윈스턴 처칠경이 중대 방송을 하려고 택시를 불러 세웠다. 택시 기사에게 BBC방송국까지 가자고 했더니, "미안하지만 다른 차를 이용해 주십시오. 저는 그렇게 멀리까지 갈 수가 없습니다." "아니, 기사양반 어째서 그러십니까?" "아저씨, 다름이 아니오라, 한시간 후면 윈스턴 처칠경의 중대 방송이 있습니다. 그 방송을 꼭 들어야 합니다." 처칠경은 그 말에 기분이 좋아서 1파운드나 되는 거액을 그에게 주었다. 택시 기사는 그 지폐를 얼핏 보더니 "타세요. 아저씨! 처칠인지, 개떡인지 우선 돈부터 벌고 봐야겠어요."라고 말했다는 이야기가 있다.

세상에 돈보다 더 좋은 것이 없다. 돈만 있으면 처녀 불알도 산다는 말이 있다. 처녀가 어디 불알이 있겠는가마는, 돈만 있으면 없는 것도 살 수 있다 함이니, 돈의 위력이 얼마나 큰지를 짐작케 한다.

돈이 있으면 귀신도 움직일 수 있고(有錢可使鬼), 만사가 통하지 않는 바가 없다(萬事無不通)는 말이 있다. 아무리 지천(至賤)한 사람도 돈이 있으면 귀하게 대접을 받을 수 있다. 돈처럼 위대한 것도 없어서 돈이 있으면 만능자가 되어 세상을 움직인다. 제아무리 지고(至高)한 사람도 돈이 없으면 하루 아침에 쪽박을 차는 알거지가 된다.

돈을 예찬하면 좀 천박하게 들릴지 모르지만, 피천 한 닢 없이는 세상 살기가 힘들다. 우선 밥은 어떻게 먹으며, 신발, 의복... 등등 생활 필수품 하나하나를 어떻게 해결할 수가 있겠는가. 그래서 개같이라도 벌어서 호구지책을 해결하고자 한다. 천하게 벌어서 정승처럼 생광(生光)있게 쓰는 사람도 있고, 수전노처럼 아끼느라 최저급의 더러운 생활을 하는 사람도 있다.

돈처럼 좋은 것도 없어서 돈이 있으면 생활에 여유가 생겨 남 보기에도 좋다. 현대인들은 더욱 더 많은 돈을 벌려고 하고, 돈이 많이 벌리면 명성도 얻고, 타인에 대한 체면과 우월감을 얻는다.

이 세상에 돈보다 위대한 위력을 가진 것은 없다. 돈은 군주 중의 군주로서 세상에 군림하며 세상을 지배한다. 그래서 돈에 대한 욕심은 무한량 끝이 없다. 많이 가지면 가질수록 더 많이 갖고 싶어 하는 것이 돈이다. 그러나 돈을 너무 좋아하면 사람이 협량(狹量)해져서 돈 밖에 모르는 사람이 되고, 그러다가 타락해져서 비천한 사람이 된다.

돈보다 더 좋은 것은 없지만 잘못 쓰면 돈은 악의 근원이 된다. 돈이 악의 근원이 되는 것은, 돈 자체가 아니고 돈에 대한 지나친 애착이다. 돈이 좋다하여 수전노처럼 가두어만 놓으면 돌덩어리처럼 아무 쓸모없는 것이 된다. 잘못 쓰면 재앙이 크지만, 잘 쓰면 돈보다 더 유익한 것도 없다.

돈이 좋다하여 아무렇게나 벌어서는 안된다. 남의 집 담장을 넘다가는 영어(囹圄)의 신세가 되고, 돈의 욕심이 지나쳐 사람을 죽이면 자기도 죽는다. 불로 소득은 독극물이나 다름이 없으니 조심해야 한다.

돈은 번뇌와 비애의 근원이다. 돈이 인간의 불행을 만들고 끝판에 가서는 사람을 우울하게 만든다. 친구에게 돈을 빌려주는 사람은 친구도 잃고 돈도 잃는다. 어느 한 쪽만을 잃는 것이 아니고 양쪽을 다 잃는다. 견마지로(犬馬之勞)의 노력으로 돈을 벌지만 돈 때문에 사람이 타락하고 생명까지도 잃는다.

사람은 빈손으로 왔다가 빈손으로 간다. 수전노처럼 아껴봤자 갈 때는 다 놔두고 간다. 말년에 쓸 것만을 좀 남겨 놓으면 홀가분하여 좋을 것이다. 자식들 중에 어려운 놈이 있으면 좀 도와주어 부모의 은혜가 큼을 느끼게 해야 한다.

돈은 늘 한 자리에 머물러 있는 것이 아니다. 왔다가 가고 갔다가 다시 온다. 날개도 없이 날아 갔다가 날개도 없이 날아들고, 발도 없이 달려 나갔다가 발도 없이 달려든다.

이상하게 얻은 돈은 이상하게 나가고, 부정으로 얻은 돈은 부당하게 나간다. 돈은 결코 어수룩하지가 않다. 아무에게나 들어가는 것이 아니고 꼭 들어갈 수 있는 사람을 골라서 들어간다. 정직하지 않는 사람에게까지 날개 달고 들어가는 일은 없다.

돈보다 사람을 소중하게 여기라. 돈을 잘못 쓰다간 사람을 잃고, 사람을 잃으면 모든 것을 잃는다. 자식놈들에게 돈을 나눠줄 일이 있으면 공평하게 나눠주라. 하후 하박(何厚何薄)하다간 다른 놈들로부터 공격을 받는다. 어떤 놈을 후대하려거든 먼저 양해를 구하고 하라.

돈을 쓰려거든 사람 관계를 먼저 생각하라. 왜냐하면 사람보다 더 큰 재산은 없기 때문이다. 적은 돈으로 상대방의 마음을 얻기도 하고 잃기도 한다. 문병도 내가 먼저하고, 밥값도 내가 먼저 내라고 한다. 그러면 내가 그 모임의 주인이 되고 다른 사람의 환심을 사게 된다. 사람을 먼저 생각하고 그 다음에 돈을 생각하라.

돈이 재산이 아니라 사람이 재산이다.
돈 때문에 사람을 잃는다.

10 술 담배를 줄여라 내가 내 나라를 지키듯 내 생명 내가 지킨다

이런 글은 술 담배를 좋아하는 분들에게는 대단히 미안한 글이다. 술 담배를 팔아 생계를 유지하는 분들에게도 결코 좋은 글이 아니다. 그러나 우리 모두의 건강과 관계되는 일이어서 어쩔 수 없이 쓰는 것이니 양해해 주기 바란다.

오래 전에 "담배는 요초(妖草)"라는 내용의 글을 쓴 적이 있다. 담배를 보통 연초(煙草)라고는 해도, 요초라고는 하지 않는다. 이 표현은 전적으로 내가 만들어 쓴 것이다. 술집을 보통 요염집(妖艶家)이라고도 하고, 술집에서 손님을 끌어들이는 여인을 요부(妖婦) 또는 요인(妖人)이라고 한다. 또 손님에게 술을 따르는 여인이라 하여 작부(酌婦)라고도 한다.

술집에서 술을 파는 여인들은 범상치 않은 차림으로 손님들을 유혹하고, 눈이 뒤집히도록 술을 많이 마시게 한다. 담배 역시 처음에는 단순한 호기심에서 시작하지만, 일단 유혹에 걸려들면, 도무지 빠져 나가지 못하게 한다.

술집의 요부들처럼 담배의 유인성(誘引性)도 강해서 이를 강조하여 요초(妖草)라는 말로 표현하게 되었다. 이 표현이 잘된 표현인지는 모르나 나는 지금도 이 표현에 만족하고 있다.

술 담배를 과다히 취하면 암을 유발한다는 말이 나온지도 오래 되었다. 그 후 술 담배를 하는 사람의 수가 많이 줄어들었다고 하니, 참 좋은 현상이다. 어려서부터 술 담배에 빠져들면 그 해독성 때문에 제명대로 살지 못하고 요절(夭折)의 비운을 겪는 수도 있다.

술 담배의 독수(毒手)에 한 번 걸려들면, 그 독성이 어찌나 강하던지 서서히 우리 몸을 무너 뜨린다. 술 담배를 줄이라 함은 그 독성 때문이요, 한 번 걸려들어 중독이 되면 바로 끊기가 어려우니 조금씩 줄여서 끊으라는 뜻이다.

옛말에 애별 리고(愛別離苦)라는 말이 있다. 사랑하는 사람(것)과 헤어지는 고통이 크다는 말이다. 그처럼 좋아하는 술 담배를 끊는 고통보다 더 큰 고통은 없을 것이다. 그 고통은 그간 시간 연륜에 비례한다고 한다. 술 담배를 오래 한 사람일수록 금단(禁斷)의 결단을 내리기가 영 어렵다. 그래서 수 차례의 시행 착오를 거듭한다. 그러다가 용케도 금주, 금연의 영광을 누리기도 하지만, 그렇지 못하면 술 담배의 마수(魔手)에 걸려들어 영원히 빠져 나오지 못하고 간다.

약방에서 금연 약을 사서 복용하는 사람도 있고, 고무줄을 손목에 감아, 그 고무줄을 튕겨서 그 통증으로 술 담배의 생각을 이겨내는 사람도 있다. 병원에서 의사가 "술 담배 때문에 이렇게 된 것이요. 그래도 피우겠소? 죽고 싶으면 그렇게 하시오."라고 사형 선고를 받은 다음에야 대오 각성(大悟覺醒)을 하고 끊는 사람도 있다.

요즘 술 담배 때문에 죽는 사람도 부쩍 늘었다. 가정에서도 담배 피우는 것을 집안 식구들이 모두 싫어한다. 자기 집 화장실에서도 그 냄새 때문에 안되다 보니, 베란다의 한 쪽 구석지나, 집 밖으로 나와 몰래 피우고 들어간다. 그러다가 들키면 창피스럽기 그지없고 가족들로부터도 왕따를 당한다.

술 담배 같은 독한 것들은 우리 몸의 세포들이 가장 싫어하는 것들이다. 싫은 것을 계속 흡수하게 되면 세포들이 견디지 못하고 종래에는 반란을 일으킨다. 이런 세포의 반란이 곧 암이다. 너무 평범한 말이어서 믿지 않을는지 모르나 속는 셈치고 한번 믿어 보기 바란다.

술 담배를 끊기 어려운 것은 만인이 다 아는 일이다. 술 담배가 몸 속에 들어가 자리 잡기 시작하면, 그 힘은 독사의 독아(毒牙) 만큼이나 무섭다. 어지간해서는 놔주지 않고 우리 몸을 서서히 파멸시켜 나간다.

우리 몸은 부모님에게서 물려 받은 소중한 자산이다. 내 몸과 머리카락과 피부는 부모님으로부터 물려받은 것이니(身體髮膚 受之父母), 함부로 몸을 상하지 않게 하는 것이 효의 시작이니라(不敢毁傷 孝之始也)라고 하였다.

술 담배 같은 것으로 부모님에게서 물려 받은 몸에 손상이 가해지면 부모님에게 불효하는 것이 된다. 술 담배를 삼가 내 몸을 내가 지키고, 건강한 몸으로 부모님에 대한 자식의 도리를 다 해야 한다.

술이 몸 속에 들어가 배어들기 시작하면, 온몸이 천근 만근 무거워지고, 다리가 떨려 흔들리고, 혀는 굳어져서 헛말이 나오고, 눈은 흐려져서 초점이 맞지 않고, 그러다가 지나는 사람과 시비가 붙으면 큰 소리가 나오고, 마지막에 가서는 난투극이 벌어지기도 한다.

술이 몸에 들어가 취기가 돌기 시작하면 안하 무인(眼下無人)격이 되어, 천하에 무서운 사람이 없이 된다. 일인지하(一人之下)나 만인지상(萬人之上)의 권자에 오른 듯 그 기염이 하늘에 치닫는다. 쉬가 마려우면 아무데서나 쉬를 보고, 그러다가 잠이 오면 노변 어디고 쓰러져서 자고, 한 참을 자다 일어나면, 꿈에서 깨어난 듯 "아! 인생은 부생(浮生)이요, 부생은 약몽(若夢)이런가!"하고 푸념을 토한다.

술을 마시면 입에 날개가 돋쳐 방약 무인(傍若無人)한 사람이 된다. 그 사람 옆에 잘못 서 있다간 횡설 수설(橫說竪說) 혀짜른 소리로 생벼락을 맞는다. 선인이 갑자기 악인이 되고, 왕자가 한낱 초라한 목부(牧夫)로 전락한다. 술의 마력이 이렇게 큰 줄을 누가 알겠는가? 하잘 것 없는 한 필부(匹夫)가 위세 당당한 무소 불위(無所不爲)의 위인이 된다. 이런 재미에 맛을 들이다간 폐가 망신(廢家亡身)의 추악한 꼴이 된다.

근심을 없애는 데는 술만한 것이 없다(銷憂者 莫若酒) 하여 술 마시기를 즐겨하지만, 세상에 근심없이 사는 자는 없다. 세상 살기가 근심의 연속인데, 술로 근심을 없애려다간 술에 중독되어 폐인이 된다. 술은 악마의 피라 하여 술 마시기를 금하게 하는 이유도 여기에 있다. 술을 마시면 온갖 번뇌가 없어진다고 하지만, 깨고 나면 새로운 번뇌 속에 갇히니, 술을 번뇌의 아비라 함도 그래서 하는 말이다.

취중 진담(醉中眞談)이라는 말이 있다. 술을 마시면 마음 속에 있는 것을 모두 토해낸다. 하나도 남김없이 다 토해내니, 지금껏 지켜오던 철옹성(鐵甕城)이 하루 아침에 무너져 드러난다. 지금까지 믿어오던 친구가 실없는 사람이 되고, 그간의 우정도 신의도 다 무너지고 만다.

적당한 술은 혈액 순환을 도와 몸의 건강을 유지하는데 좋다고 한다. 적당하게만 마시면 심로(心勞)를 풀어주고, 숙면(熟眠)을 가져오고, 건강을 촉진하여 장수의 원인이 된다고 한다. 술이 정말 그렇다면 이보다 더 좋은 보약이 없다.

그러나 술에는 나쁜 속성이 있다. 처음에는 사람이 술을 마시고, 그 다음에는 술이 술을 마시고, 나중에는 술이 사람을 마신다. 술이 사람을 마시면 술 속에 사람이 빠져 헤어나지 못한다. 처음에는 즐거움으로 한 두 잔 기울이던 것이 나중에는 일배(一杯) 또 일배(一杯)를 거듭하다가, 나중에는 술 속에 빠져 죽는다.

술에 대한 이야기를 쓰고나니 담배의 독성을 쓸 지면(紙面)이 없다. 그래도 몇 자 더 써야겠다.

담배는 술보다 몇십 배 독한 악질이다. 술은 적당이만 마시면 이로울는지 모르지만, 담배는 말초 신경을 자극하는 백해무익한 것이다. 골초의 경지에 이르면 말초 신경도 거의 마비 상태에 이르러 진퇴 유곡(進退維谷)의 수렁으로 빠진다.

옛날 중국에 담파고(淡婆姑)라는 여인이 있었다. 미모가 절세 가인인지라, 많은 사내놈들이 침을 흘렸지만 박명(薄命)하여 일찍 죽었다. 여러 사내놈 중에 한 사내가 이 여인이 그리워 이 여인의 묘소에 가서 밤 늦도록 배회하였다. 배가 고파 주변을 살펴보니 향기가 그윽한 풀이 있었다. 그 풀을 한 잎 따서 먹어보니 시장기가 없어지고, 몸이 따스해지며, 찬 바람을 느끼지 않게 되고, 마치 술을 마신 것과 방불했다. 그래서 그 향초(香草)를 연주(煙酒) 또는 상사초(相思草)라 이름하였다 한다. 그 여인이 죽어 상사초가 되어 그런 향기를 내뿜었다는 이야기가 전해진다.

담배에 가까이 할 일이 아닌 것은, 그 담배 잎에 그 여인의 혼이 달라 붙어 있어서 한번 걸리면 좀처럼 놔주지 않기 때문일 것이다.

예부터 우리 몸은 성령(聖靈)이 깃드는 지성소(至聖所)라고 한다. 이처럼 깨끗하고 성스러운 곳에 술 담배 같은 불결한 것이 들어 가서는 안된다. 술 담배를 끊어 보라. 그러면 머리가 맑고, 배꼽에 힘을 얻고, 뼈에 골수를 얻어, 달려도 피곤하지 않고, 걸어도 지치지 아니 할 것이다.

술 담배를 줄여라.
내 나라 내가 지키듯 내 생명 내가 지킨다.

11 좋은 책을 읽고 또 읽어라 마음이 풍요해지고 치매가 예방된다

독서에 관한 글을 꽤 많이 썼다. 이제는 밑천이 다 한지라 무엇을 써야 할지 망설여진다. 그래도 여력(餘力)을 다하여 읽을만한 글이 되도록 할 것이니 걱정하지 말기 바란다.

언젠가 친구로부터 전화가 걸려왔다. 내가 쓴 책을 다 읽었노라고 했다. 우선 문장이 유려(流麗)하여 읽기가 좋았다고 했다. 도중에 그만두는 일이 없이 끝까지 재미있게 읽었으니 한마디로 감독(甘讀)했노라고 했다.

그 친구는 내가 쓴 책은 거의 다 읽는다. 그러고 보면 나의 유일한 애독자 중의 한 사람이다. 부인의 병 치료차 병원에 따라가서 매일 무료(無聊)를 메꾸기 위해 읽은 것이 많은 책을 읽게 되었노라고 했다. 그러다 보니 내 책도 읽게 되었고, 아주 감명 깊게 읽었노라고 했다.

지난 번에 출간한 내 책의 마지막 글이 "아내의 퇴임사"라는 글이다. 아내가 교직을 퇴임하면서 쓴 퇴임사를 내가 내 글맛에 맞게 고쳐 쓴 글이다. 그러다 보니 마치 내가 쓴 글이라 생각하겠지만 기실은 아내가 쓴 글이다. 우연한 기회에 이 글을 발견하게 되어 내 책의 말미에 넣어 편집을 했다. 내 책을 읽은 친구들 중에 두 친구가 그 글에 대한 후감(後感)을 말해온 것을 보면 그 글이 꽤 괜찮았던 모양이다.

그 친구도 평소에 글을 많이 읽는 사람이다. 충분히 글을 쓸 만한 사람인데도 남의 글을 읽는 것만으로 만족해 하는 것 같다. 겸양(謙讓)에서 그러는 것인지, 아니면 글쓰기가 쉬운 일이 아니어서 그러는 것인지는 알 길이 없다.

나도 젊었을 때는 청탁(淸濁)을 가리지 않고 책을 읽었다. 글을 쓰는 일도 거의 지천명(知天命: 50)의 나이에 이르러서야 시작했다. 고희(古稀)를 전후해서 주로 썼으니, 좀 늦기는 했어도 잘했다는 생각이 든다. 내 딴으로는 세상을 살만치 살았고, 그간의 경륜도 쌓을만치 쌓아서 쓴 글인데도, 다른 사람들은 이런 것을 책이라고 내 놓는 것이냐고 하는 사람도 있을 것이다.

요즘에 내가 읽고 있는 책은 별로 없고 경전을 주로 읽는 편이다. 구절구절이 너무 좋아 글 쓰는 데도 크게 도움이 되고, 내가 사람이 되는 데도 크게 도움이 된다. 그리고 글을 쓰다가 필요하면 옛날에 읽었던 자료들을 다시 들추어 올려 쓰기도 한다. 책은 젊었을 때 읽어야지 늙으면 체력이 달려 읽기가 어렵다. 욕속 부달(欲速不達)이라 하였듯이, 의욕만 앞서가지 몸이 따라 붙지 않으니 잘 읽어지지 않는다.

책을 읽어도 쉬운 책만을 골라서 읽기가 쉽다. 공자가 즐겨 읽었다는 주역(周易)같은 책은 읽기가 너무 어려운 책이어서 그 책을 읽고 또 읽었다고 한다. 얼마나 많이 읽었던지, 가죽으로 맨 책이 세 번이나 떨어졌다 하여 이를 위편 삼절(韋編三絶)이라고 한다. 이렇게 책을 읽으면 독서 삼매(讀書三昧) 또는 독서 삼도(讀書三到)에 빠진다고 한다.

독서 삼도라 하면 첫째가 마음으로 읽는다 하여 이를 심도(心到)라 하고, 그 다음으로는 눈으로 읽는다 하여 안도(眼到)

라 하고, 마지막으로 입으로 소리를 내어 읽는다하여 구도(口到)라고 한다. 마음으로 읽고, 눈으로 읽고, 입으로 읽되 마음을 다하여 읽지 않으면 시간만 낭비하는 것이 된다. 시간만 보내되 그 의미는 이해하지 못하고 읽으면 무위(無爲)한 독서가 된다.

옛날 선비들은 독서하던 중 밤에 졸음이 오면 송곳으로 다리를 찔러 졸음을 극복하였고, 그 피가 복사뼈까지 흘러내렸다고 한다. 지금도 젊은이들 중에 밤을 지새며 학문에 전념하는 사람들이 많다. 아무리 세상이 헛돌아 가도 세상을 바르게 지켜가는 사람들을 보면 흡쾌한 마음이 든다.

낮에는 들에 나가 열심히 일하고 밤에는 밤이 깊도록 책을 읽는 농촌 필부들의 주경 야독(晝耕夜讀)에서 깊고 겸허한 감회를 느낀다. 내 친구들 중에 내 책을 읽어 즐기는 친구들이 더러 있다. 책을 읽고 나서는 꼭 후감(後感)까지 몇 자 적어 보내니 독서 상우(讀書尙友)의 기쁨을 느낀다. 책을 나누어 읽으면 옛 친구들과 친교가 이어지고, 모르는 사람들과도 벗이 되어 사귀니 책보다 더 좋은 것도 없는 것 같다.

옛날에 차윤(車胤)과 손강(孫康)이라는 선비는 등불을 켤 기름이 없어서, 반딧불과 눈(雪)에다가 책을 비추어 가면서 글을 읽었다. 그래서 성공한 사람들을 일러 형설지공(螢雪之功)으로 이루었다 하여 독서 예찬의 본으로 삼는다. 한 번씩은 꼭 음미할만한 옛날 이야기가 아닌가 싶다. 나는 요즘에 책을 읽을 때 어려운 글귀는 꼭 사전을 찾아가며 읽는다. 그 맛이 어찌나 좋던지 그렇게 하는 데서 큰 기쁨을 느낀다. 요즘 사람들은 도중에 어려운 글귀를 만나도 알려고도 하지 않고 그냥 읽어 넘긴다.

옛말에 독서백편의자현(讀書百遍義自見)이라는 말이 있다. 아무리 어려운 글도 백번을 읽으면 그 뜻이 저절로 나타난다는 말이다. 책을 읽다가 어려운 대목에 부딪치면 한두 차례 생각해 보고, 그래도 그 뜻을 알 수가 없으면 그냥 넘겨버리기가 쉽다. 난해한 곳을 하나하나 풀어서 읽으면 당장은 귀찮을는지 모르지만 훗날에 크게 도움이 된다.

독서는 사람을 완전하게 만든다. 다른 사람과 담론하여 이기고자 함이 아니요, 사람답고 바른 사람이 되고자 하여 독서를 한다. 과거에 바른 길을 걸었던 선인들의 글을 잘 읽어두면 내 몸에 큰 보양이 된다.

덮어 놓고 많은 책을 읽는 것보다는 소수의 책이지만 좋은 저자의 것을 골라 읽는 것도 좋다. 시간이 날 때만 읽을 것이 아니요, 없는 시간이지만 빼내어 읽으면 더욱 좋을 것이다.

옛날 선비들은 독서 매경(昧境)에 빠지면, 마당에 널어 놓은 곡식이 비에 떠내려 가는 줄도 모르고 책을 읽었다 하여 이를 표맥(漂麥)이라 하였다. 책을 읽는 데에 장소가 따로 없고, 소를 타고 길을 가면서도 읽었다(乘牛讀漢書)는 기록도 있다. 날씨가 쾌청하면 들에 나가 밭을 갈고, 비가 오면 방안에 들어앉아 책을 읽었다(晴耕雨讀)는 기록도 있다. 날씨가 좋으나 비가 오나 상관없이 책을 읽는 사람도 있었고(晴雨通讀), 밤이나 낮이나 책을 읽는 사람도 있었으니 이를 일러 주야 통독(晝夜通讀)이라 하였다.

또 옥중에서 글을 읽어 훗날 세상을 놀라게 한 옥중 수기(獄中手記)를 쓴 사람도 있었다. 어떤 이는 변소에 갈 때마다 책을 가지고 들어가, 큰 소리로 독서를 하는 괴팍한 사람도 있었다. 그런 사람은 암송으로 책을 읽는 것이 아니고, 고성 대독

(高聲大讀)으로 소리내어 읽었다. 인근 사람들은 그 사람의 독서 소리만 듣고서도 용변중이라는 것을 알았다고 한다.

우리의 마음은 책을 읽지 않으면 녹이 슨다. 독서는 우리의 마음을 개안(開眼)케 한다. 양심의 눈을 뜨게 하고, 진리의 눈을 뜨게 한다. 신앙의 눈을 뜨게 하고, 사랑의 눈을 뜨게 한다.

위대한 책이란 우리에게 위대한 물음을 던진다. 깊은 감명을 주고, 깊은 회의에 잠기게 하고, 견딜 수 없는 분노를 일으킨다. 인생이 무엇인가를 알게 하고, 인생을 바르게 살게 한다.

책이 우리에게 말하는 것을 우리가 응답하는 끝없는 대화가 곧 독서다. 책은 저자의 주장이요, 독백이요, 설득이요, 권면(勸勉)이다. 우리는 저자의 소리에 응답해야 한다. 긍정도 하고, 부정도 하고, 회의도 하고, 감탄도 하고, 울기도 하고, 칭찬도 한다.

신라의 고승 혜초(慧超)가 말하기를 "만권의 책을 읽고 만리의 파도를 헤친다."(讀萬卷書破萬里波) 하였다. 놀라운 투지요 무서운 구도의 정열이다. 히말라야의 고봉(高峰)을 넘고, 남아시아의 넓은 사막을 횡단했다. 더위와 싸우고, 추위를 이기고, 악역(惡疫)에 시달리면서 천신 만고(千辛萬苦)로 인고(忍苦)의 3만리 길을 주파했다. 이 고행 수도승은 위대한 개척자요 탐험가였다. 구도의 정열로 이겨낸 승리의 탑을 세웠다.

언제가 어느 지인(知人)의 집을 방문했더니 자기집 벽에 붙여놓은 한문 글귀를 해석해 달라고 했다. 누구에게서 얻은 것이냐고 물었더니 자기집에 찾아온 어느 노승으로부터 받은 것이라고 했다. 읽어보니 "손에서 책을 놓지 말 것이며(手不釋卷), 늘 학문 익히기에 힘쓰라"는 내용의 글귀였다. 좋은 글귀라며 늘 귀감 삼아 살겠노라고 했다.

사나이가 책을 읽되 다섯 수레의 책을 읽고(男兒須讀 五車書), 만권의 책을 읽고 만 리의 길을 가라(讀萬卷書 行萬里路) 하였다. 만 권의 책을 읽기가 어찌 쉬우며 만 리의 길을 가기가 어찌 쉽겠는가. 많은 책을 읽고 열심히 세사(世事)에 참여하며 살라는 말이다.

날마다 조금씩 책을 읽자. 과욕을 부리다간 며칠 못가서 싫증이 난다. 책을 계속해서 읽으면 치매도 예방된다니 그야말로 일거 양득(一擧兩得)이 아니겠는가.

좋은 책을 읽고 또 읽어라.
마음이 풍요해지고 치매가 예방된다.

12 대우 받으려고 하지마라 어제 다르고 오늘이 다르다

인간 관계는 주고받는 관계다. 하찮은 것이라도 주고 받으며 살면 좋은 관계가 유지된다. 때로는 변변치 못한 것을 보냈는데도 상대방으로부터 후한 반례(返禮)를 받을 때도 있다. 할 수만 있으면 너무 과분한 반례는 피하는 것이 좋다. 왜냐하면 상대방이 부담을 느끼고, 잘못하다간 이상한 오해같은 것을 불러 일으킬 수도 있기 때문이다.

나는 평생을 통해 남에게 베풀지 못하고 살았다. 고작 한다는 게 남이 아프면 병원에 문병이나 가는 정도이고, 결혼 청첩장을 받으면 결혼식에 참석해서 결혼을 축하해 주는 정도다. 내가 하는 일은 고작 그런 정도여서, 상대방이 감탄할 정도로 베푼 적은 한 번도 없다.

제자들이나 지인들로부터 점심이나 선물을 받은 적은 있으나, 다 말로 때워 고마움을 표시한다. 책을 발간하여 수없이 많은 사람에게 돌렸지만 말치레의 인사를 받은 것이 고작이다. 책은 으레 공짜로 받는 것으로 생각하기 때문이다.

그런데 여수에 있는 호남계기의 손 철완 사장님은 참 유별난 분이시다. 다른 분의 책도 그러는지는 모르나, 내 책은 참 잘 읽으신다고 했다. 언젠가는 책이 여유가 있으면 한 권을 더 사고 싶다고 했다. 왜 그러느냐고 했더니, 한 권은 본인이 필요할 때 계속 읽고, 나머지 한 권은 서울에 있는 자식놈에게 보내주어 읽게 하고 싶다고 했다. 그래서 그냥 한 권을 보내드려 그렇게 하게 했다. 내가 정년을 할 때 과분한 축의금을 보내 주셨고, 그것이 인연이 되어 그 뒤 책이 나오면 꼭 보내 드렸다. 그러다 보니 나와 그 분과는 책으로 맺어진 좋은 인연이 되었다.

그 뒤 책이 나올 때 마다 보내드렸더니 꼭 점심을 사며 출간을 축하해 주셨다. 그러기를 거듭하다 보니 이제는 정도 깊이 들었고, 서로 믿으며 사는 사이가 되었다. 요즘에는 내가 큰 부탁을 드려도 서슴없이 받아 주신다.

강진에 사시는 김 선호 교수님은 베풀기만을 좋아하는 분이시다. 전에 얻어먹은 밥을 갚으려고 갖은 설유를 해도 소용이 없다. 원래 그렇게 타고난 분이신지, 아니면 깊은 신앙심에서 그러는 것인지는 알 길이 없다. 이번에 나온 책을 보내 드렸더니 부부간에 같이 다 읽었다며, 금일봉을 보내 오셨다. 책을 잘 읽은 대가(代價)라고 했고, 그리고 또 다음 책은 언제 나오느냐고 했다. 나는 원래 책을 내도 지인들과 나눠 읽는 것이지, 그것을 팔아 돈벌이를 하는 일은 결코 없다.

언젠가 어느 분은 내 책을 다 읽었다며, 앞으로는 다른 약속은 하지 말고 책 쓰는 일에만 전념하라고 했다. 이보다 더 큰 계도사업(啓導事業)이 없다 하여 하는 말일 것이다. 참 고마운 말이다. 저자에게는 이런 말 한 마디가 천군 만마(千軍萬馬)의 힘을 얻는 것이 된다. 지금도 그 분의 말은 내 마음속에 불꽃처럼 타올라 나를 움직이는 힘이 되고 있다. 책 쓰기가 얼마나 어려운지는 써보지 않은 사람은 그 사정을 모른다.

나에게 이 계선(李啓善)이란 친구가 있다. 소시적부터 죽마

고우(竹馬故友)처럼 지내는 친구다. 세월의 숫한 흐름에도 변함없는 우정으로 지내고 있다. 다른 책은 몰라도 내 책은 꼭 읽는다고 했다. 책을 받으면 밤을 새워 읽고, 후감(後感)은 꼭 정곡(正鵠)을 찌르는 몇 마디 말로 한다. 그곳 광주에 고등학교 동기들의 모임이 있어 매월 10여명이 모인다고 한다. 그간 세월을 이기지 못해 간 놈들도 몇 명 있지만, 10여명이 모여 그간의 회포를 나눈다고 한다.

내 책이 나온 것을 알고 10여 권만 보내 달라고 하기에 그렇게 했다. 이 계선, 윤 필중, 나 정균, 신 봉호, 임 화규, 김 경, 박 천식, 노 근열, 김 우종, 지 인상 등 참 반가운 친구들이다. 황천길이 얼마나 남았는지는 모르나 그 나이면 독야 청청(獨也青青)을 뽐낼 나이가 아니다. 밤새 연고라 하였듯이 일진 광풍(一陣狂風)이면 장송(長松)이 무너지듯 가야할 나이들이다. 아무리 큰 대송(大松)도 한 바탕의 장풍(長風)이면 가지만, 그래도 아직은 정정(亭亭)하다고 한다.

내가 보내준 책을 다 읽었다니 반갑기 그지없고, 내 언젠가 올라가 그간 못다 한 정을 풀고자 한다. 불원(不遠)이면 90을 바라보는 망구순(望九旬)에 이르겠지만 사는 날까지 운동 열심히 하고, 욕심 부리지 말고, 섭생에 유의하며 살기를 바란다.

책이 나올 때마다 전남대학교(여수) 교수들에게는 꼭 나누어 주어 읽게 하지만, 고맙다는 인사말은 거의 없다. 원래 교수놈들은 건방지고 자고(自高)하여 그런 일 잘 않고 사는 놈들이다.

그런데 언젠가의 일이다. 전남대학교에 무슨 행사가 있어 들렸더니, 한 교수가 내 옆으로 다가서며 하는 말이, 교수님은 이 세상에서 가장 재미있게 사시는 분이라고 했다. 보내준 책은 어김없이 다 읽었고, 한 번 읽기 시작하면 책을 놓을 수가 없어서 끝까지 다 읽는다고 했다. 아무 말이 없기에 읽지 않는 줄 알았더니, 그런 것 같지는 않다. 내 면전이라 하여 내가 듣기 좋게 하는 말은 아닌 것 같다.

이 세상에 와서 다른 재주는 없고, 지면을 어지럽히는 일 외에는 아무것도 하는 일이 없다. 이렇게 해서라도 세상 사람들과 생각을 나누며 사니, 이보다 더한 기쁨은 없다. 할 수만 있으면 오래오래 이렇게 하며 살다가 갔으면 하지만 인생 유한을 어찌 하겠는가.

언젠가 제자로부터 전복을 한 상자 선물로 받았다. 그 제자의 이름이 곽 공훈이다. 전화로라도 감사의 뜻을 표하려고 하지만, 있는 줄로만 알았던 전화번호가 없다. 그냥 하늘에 감사의 염(念)을 띄운다.

옛날 고사에, 한 친구가 말을 타고 친구의 집에 놀러 갔다. 주인은 귀한 손님이 왔다 하여 술상을 차려 내놓았다. "저자가 하도 멀어서 고기도 사오지 못하고, 안주라고는 채소밖에 없긴 하나 맛있게 많이 들게나."라고 했다. 그런데 그때 그 친구가 마당을 내다보니 어린 햇닭 몇 마리가 놀고 있었다. 친구가 능청을 떨며 하는 말이 "저자가 그렇게 머니 내가 타고 온 말이나 잡아서 안주를 하세 그려." 그러자 주인이 당황하며 하는 말이 "그렇다면 돌아갈 때는 무엇을 타고 가시려는가?" 친구가 하는 말이 "자네 집 햇닭을 빌려 타고 가면 될 것이 아닌가."라고 했다고 한다. 우정의 정도가 햇닭을 잡아 내놓을 만큼 깊지가 않았던 모양이다.

나도 나이가 많은지라 자식, 며느리, 손자, 손녀 등 모두 합치면 주렁주렁 꽤 많다. 이 놈들이 집에 모이면 집안이 가득하다. 시끄럽기 그지없어 아래층 영감님의 투정이 대단하다. 그 영감님의 투정이 두려워 늘 단속을 하지만 그때 뿐이다. 이 놈들이 올 때는 빈손으로 오지 않고 꼭 뭣인가를 사가지고 온다.

이 세상에 사는 기쁨은 무엇인가를 받는 것이 아니고, 주는 것이라고 하지만 받는 재미만큼 큰 것도 없다. 손자놈들을 보낼 때는 빈손으로 보내지만, 들어올 때는 무엇인가를 가지고 오기를 바란다. 아무것도 받지 못하면 그보다 더 서운할 수가 없다.

나의 저속성(低俗性)을 나타낸 말이지만 솔직한 고백이다. 아무리 하찮은 것이라도 마음으로 정성을 다하여 가져온 것이면 된다.

대접받으려 하다가 받지를 못하면 서운한 것이니, 아예 대접받으려는 생각을 버리는 것이 좋다. 세상은 날로 변해가고, 부모에 대한 생각도 날이 다르게 변해간다. 받기를 바라지 말고 주는 데서 만족을 하면 되레 마음이 편하여 좋을 것이다.

오복(五福)이라는 것이 있다. 수(壽), 부(富), 강녕(康寧), 유호덕(攸好德), 고종명(考終命)을 말한다. 그 중에서도 유호덕이라는 말은 덕을 닦아 베푸는 것을 말한다. 복을 받으려거든 덕을 베풀어야 하고, 덕을 베풀어야 복을 받는다. 아예 남에게 받을 생각은 하지 말고, 내가 먼저 베풀기를 힘써야 한다. 그리고 내가 남에게 베푼 것은 다 잊어버리고, 받은 것은 꼭 기억해 두었다가 반드시 갚아야 한다.

고종명은 잘 죽는 것을 말한다. 평생에 부귀 영화를 누리고 살았다 해도 죽을 때 잘못 죽으면 그보다 더 처참한 것은 없다. 하여튼 고종명의 복을 누리기를 기원하지만 그 일을 마음대로 할 자가 어디 있겠는가. 열심히 베풀며 살다가 가게나.

그러면 고종명의 복도 누릴 수 있을 것이 아닌가. 화향천리행(花香千里行)이요 인덕만리행(人德萬里行)이라 하였다.

부모의 은혜가 높은 것은, 그분들이 단순히 부모이기 때문이 아니요, 그분들의 진정성(眞情性) 때문이요, 만난(萬難)을 무릅쓰는 희생 때문이다. 자식들을 잘 키워 좋은 놈으로 만들려는 지고 지순(至高至純)한 사랑 때문에, 그분들의 행적은 우리의 마음속에 오래 투영되어 귀감삼아 살게 한다. 은혜를 베풀되 보응을 바라지 않고(施恩勿求報) 베풀어야 좋은 시은(施恩)이 된다.

대우 받으려고 하지마라.
어제 다르고 오늘이 다르다.

13 경로석에 앉지마라 서서 움직이면 그 곳이 헬스클럽이다

늙으면 어린 아이가 된다는 말이 있다. 하는 짓이 어린애 같고 철이 없이 보여져서 하는 말일 것이다. 늙으면 정신이 흐려져서 분별력이 약하고, 말이 어눌(語訥)하여 보는 이들의 빈축을 산다. 어린애처럼 엄살이 많고, 잔소리가 심하여 자식들의 마음을 상하게 한다. 그것도 때와 장소를 가리지 않고 행하니 이를 좋아할 리가 없다.

가사에 사사건건 간섭하려 들고, 마음에 조금만 맞지 않아도 투정을 부린다. 이런 일이 거듭되면 제아무리 마음씨 고운 며느리도 좋아할 리가 없다. 자기의 분수를 알아차려 다소곳이 행하면, 가족들은 물론 주변으로부터 사랑과 존경을 받을 것이다. 늙은이의 망령(妄靈)만큼 큰 망령도 없다. 모든 것을 알아차려서 잘하면 되지만 그런 분별력이 없다. 노인의 망령은 죽기 전에는 낫지 않는 병이다. 시간이 흐를수록 점점 더 해지는 병이다.

우아하게 늙는 것이 천하 만인의 소망이다. 늙는 것 자체가 어쩔 수 없이 이루어지는 것이어서 이를 거역할 자는 아무도 없다. 나이는 훈장이 아니고 인생의 덫이다. 이 덫에 걸리지 않는 자 아무도 없고, 나도 지금 이 덫에 걸려 허우적거리고 있다. 그간 고생 많이 했으니 꽃가마라도 타고 가게 할 줄 알

앉지만 꽃가마는 무슨 놈의 꽃가마인가?

노숙(老宿)이라는 말이 있다. 늙어가되 단순히 늙어가는 것이 아니요, 연륜이 거듭할수록 점점 더 고아하고 원숙해지는 것을 말한다. 누구나 그렇게 되기를 바라지만 말년의 사정이 그렇게 호락호락하지는 않다.

몸이 약하면 활동하기가 어렵고, 활동하기 어려우면 의욕이 떨어지고, 의욕이 떨어지면 만사가 귀찮아진다. 자기의 뜻대로 해주기를 바라지만 그렇게 되지를 않는다. 하루 이틀이면 몰라도 날마다 그 뜻을 받아 줄 사람이 없다.

노인에게는 원하는대로 해 드리고, 바라기도 전에 먼저 해드리라고 하지만, 이 일처럼 어려운 일도 없다. 아들 딸 며느리가 늘 자기 옆에 있어 주기를 바라지만, 그들이 그럴 여유가 없다. 그들도 밖에 나가 일을 해야 하고, 그래야 호구지책(糊口之策)이 해결되기 때문이다.

노인이 되면 마음 단단히 먹고, 어려움을 이겨낼 각오를 해야 한다. 자기가 할 일은 자기가 하고, 옛날에 누렸던 타성(惰性)은 단호히 버려야 한다. 의타심을 버리고, 자기와의 고독한 싸움에서 져서는 안된다.

"늙고 병든 몸에는 눈 먼 새도 앉지 않는다"는 말이 있다. 새들도 나무에 앉을 때는 사목(死木)을 피해서 앉는다. 아무 나무에나 앉는 것이 결코 아니다. 겨울철의 죽은 나무는 온기가 없어 발이 시렵기 때문이다. 병들어 있는 노인 옆에 앉고자 하는 사람도 없고, 냄새나는 노인 옆에 앉아, 그 고약한 냄새를 감내할 사람도 없다. 사람이 늙고 병들면 누구 한 사람 찾아오는 이 없고 좋아하는 사람도 없다.

인생의 마지막 교향곡은 평화롭고 정밀(靜謐)한 것이 좋다.

째진 북이나 찌그러진 심벌즈 소리여서는 안된다. 절대로 시끄럼 피우지 말고, 흉한 꼴 보아도 못본 체 하고, 흉한 소리 들어도 못들은 체 해야 한다. 그래야 밥 얻어 먹기가 편하다.

늙으면 병이 그들을 떠날 날이 없다. 몇 가지의 약은 필수품처럼 꼭 가지고 다닌다. 약으로 사는 것이 아니라 약 때문에 죽어간다. 그 독한 약을 그렇게 많이 먹으니 밥맛이 있을 리가 없다. 사지에는 힘이 없어 걷기가 힘들고, 계단을 오르내리는 일은 죽기보다도 더 싫다.

온 몸에서는 냄새가 나고, 특히 입에서 나는 냄새는 참기가 어렵다. 옷이 더러워도 더러운 줄을 모르고 한없이 입으려 한다. 목욕하기를 싫어하고 자기 방 이부자리도 개기를 싫어한다. 늘 관심을 가져주기를 바라고, 간병을 조금만 소홀히 해도 서운하게 생각한다. 대소변 가리기가 힘들어지면 별의별 생각을 다 한다. 그러다가 한없는 자기 고독에 빠져들지만 별 수가 없다.

인간의 최후는 누구에게나 비극적이다. 내세의 희망이 있는 자에게는 위안이 될려는지는 모르지만, 몸으로 겪는 고통은 단말마적(斷末魔的)이어서 견디기가 어렵다. 그 고통이 어떤 형태로 올지는 전혀 모르고 산다. 아무리 나이 많은 노인도 얼마간은 더 살 수 있다고 생각한다. 최후가 가까운 줄 알면서도 조금이라도 더 살고자 하는 마음은 누구나의 소망이다.

고성 날일(孤城落日)이라는 말이 있다. 해질 무렵에, 먼 서쪽의 지평선에 외딴 성이 보인다는 뜻이다. 여명(餘命)이 얼마 남지 않아 아주 외로운 정상(情狀)을 나타내는 말이다.

노인이 되면 짧은 봄 밤도 남아돈다. 봄은 춘곤이 심해 잠이 모자라는 계절이지만, 노인에게는 상관없는 일이다. 고소하던 새벽 잠도 어데론가 사라져 버리고, 한번 깨면 뜬 눈으로 아침을 맞는다. 자정을 넘겨 잠이 들었는데도 단잠을 이루지 못한다. 잘못하여 도중에 깨기라도 하면, 아무리 애를 써서 자보려 해도 잠이 들지 않는다.

신로심불로(身老心不老)라는 말이 있다. 몸은 늙었어도 마음은 늙지 않았다는 말이다. 몸이 노쇠의 과정에 들어가고 마음까지 늙어 힘을 쓰지 못하면, 노년은 점점 힘들어 진다. 마음 단단히 먹고 세상일에 흥미를 잃지 말고, 사는 날까지 열심히 살면, 피부의 주름은 진다 해도 마음의 주름은 지지 않을 것이다.

"집안에 노인이 인 계시면 빌러서라도 모시라"는 옛말이 있다. 이스라엘의 탈무드에는 노인을 모신 가정은 길조(吉兆)가 넘쳐 집안일이 잘 된다는 말이 있다. 자식들이 그렇게 생각하고 부모를 잘 모시면, 그 집은 길조가 넘쳐 하는 일이 잘 될 수 있을 것이다.

늙으면 자식을 따르라 하였다. 자식과 잘 화합을 이루어 살면, 그보다 더한 행복도 없을 것이다. 부자 유친(父子有親)이라 하였으니, 부자가 서로 친함을 유지하며 살면 가정의 화합은 저절로 이루어 질 것이다. 부자의 사이가 좋아지면 며느리와의 사이가 좋아지고, 며느리와의 사이가 좋아지면 손자 손녀와의 사이도 좋아질 것이다.

부모를 모시되 마음에서 멀지않게(不遠其心) 하라 하였으니, 얼마 남지않은 여생을 마음 편하게 사실 수 있도록 해드리면, 그보다 더 잘하는 일은 없을 것이다. 그래야 대복(大福)을 얻어 가화만사성(家和萬事成)의 기쁨을 누리며 살게 될 것이다.

부모들도 자식들의 마음을 잘 헤아려, 그들의 마음을 편하게 해주면, 그들 역시 더 편한 마음으로 부모를 잘 모시게 될 것이다. 잔소리는 어지간해서는 하지 말고, 엄살도 자그마치 부리고, 불만이 있더라도 이해와 관용으로 살면, 말년의 생활은 한결 더 부드러워져서 훨씬 더 살기에 편할 것이다.

노인 없이 아비가 어찌 있으며, 아비 없이 어찌 손자가 있겠는가. 노인을 무시하면 그들의 말년도 무시당하며 살게 될 것이다. 노인을 잘 모시는 자는 복을 받고, 노인을 잘 모시지 못하는 자는 언젠가는 그에 상응한 보응(報應)을 받을 것이다.

늙어가는 사람만큼 인생을 사랑하는 사람은 없다. 살 날이 짧으면 짧을수록 살 날에 대한 애착이 크다. 노인들이여! 대접받기만을 바라지 말고, 자존심 같은 것은 아예 버리고, 지금의 내 처지를 잘 헤아려 다소곳이 살 채비를 하라.

버스 안에 경로석이라는 것이 있다. 노인들이 앉으라 하여 마련한 자리다. 비어 있으면 잠시 앉을 수도 있지만, 노인이나 연장자가 들어오면 벌떡 일어나 자리를 양보해야 한다. 그런 젊은이들을 수없이 많이 보아왔다. 참으로 아름다운 정경이고, 복 받아 마땅한 일이다. 일어서서 움직이면 사지에 힘을 얻어 살 수 있을 뿐만 아니라, 마음에도 큰 기쁨을 얻어 살 수 있을 것이다.

경로석에 앉지 마라.
서서 움직이면 그곳이 헬스클럽이다.

14 주는 데 인색하지 마라 되로 주면 말로 갚는다

사람들은 주는 것보다는 받기를 더 좋아한다. 나 역시 그런 사람이어서 할 말이 없다. 가장 큰 은혜는 부모님으로부터 받은 은혜다. 직장을 얻어서 편히 살고, 결혼도 해서 애들을 낳아 즐겁게 살고, 말년에 평상을 누리며 사는 것도 실은 부모님의 은혜 때문이다.

그러나 사회에 나가 직장을 얻어 살면, 스스로 잘해서 그러는 양 부모님의 은혜를 잊어버리기가 쉽다. 부모님의 은혜를 느끼지 못하고 사는 사람들에게는 친구가 될 사람도 없다고 한다.

그 다음으로 스승의 은혜도 한없이 크다. 스승으로부터 많은 지식을 전수받아 다음 세대들을 가르칠 수 있고, 또 그분들이 주신 좋은 가르침으로 이 세상을 바르게 사는 힘을 얻어 산다.

인간 관계는 주고 받는 관계다. 주지 않으면 받을 수 없고, 받으면 꼭 갚아야 하는 관계다. 스승도 가르침을 통해 생계를 유지하고, 제자 또한 돈을 내고 가르침을 받으니, 엄밀하게 따지면, 주고 받는 관계 이상의 것은 아니다.

그렇지만 사제지간의 관계는 단순한 물질의 수수(授受) 관계는 아니다. 받은 것만큼 주는 관계가 아니고, 무한량을 주어 그들을 좋은 놈으로 가르치고자 하는 관계다. 제자들을 좋은 놈으로 만들고자 수없이 많은 고뇌의 밤을 지샌다. 제자들이 나라의 좋은 동량(棟樑)으로 키워졌을 때는 청출어람(青出於藍)의 무한한 기쁨을 누린다.

다음으로는 아내로부터 받는 은혜가 크다. 아내는 집안일을 도맡아서 행하고, 자식들을 알뜰하게 잘 길러낸다. 아내의 희생 때문에 편안한 마음으로 직장에 나가 일에 전념한다. 남편이 좌절에 빠졌을 때는 용기를 불어넣어 주고, 교만에 빠져 일을 그르칠 때는 겸손의 덕으로 자제(自制)케 한다. 분수를 넘어 처신하면 분수를 지키며 살게 한다. 이 세상에서 가장 중요한 것은 뭐니 뭐니 해도 가화(家和)다. 가화가 무너지면 세상의 모든 질서가 무너진다. 생각해 보면 아내보다 더 고마운 사람이 없다.

요즘 이혼 사유 중의 하나가 밥 문제라고 한다. 제때에 밥을 먹을 수 있게 해주지 않아 이혼한다고 한다. 참 우스운 말이다. 밥을 제때에 먹을 수 있게 하는 것은 전적으로 아내의 몫이다. 아무리 힘들다 해도 밥상은 꼭 차려 내놓을 수 있어야 한다. 이 일을 잘 할 수 없어 불편하게 산다면 이는 전적으로 아내의 잘못이다. 밥을 만들어 내놓는 일은 그 어떤 일보다도 우선 해야 한다.

세상에 어렵지 않는 일이 없다. 어려움과 부부 관계는 함수 관계라고 한다. 어렵다 하여 일을 피하면 가정은 어려움의 무덤에 갇힌다. 부부가 합심하여 어려운 일을 헤쳐 나갈 때, 부부애는 더 깊이 뿌리를 내리고, 가정은 더 튼튼한 반석위에 놓이게 된다.

이 외에도 우리가 사는 세상이나 자연으로부터 받은 은혜가 크다. 자연은 신의 예술이고 신이 쓴 장엄한 책이다. 신이 창조한 것은 모두가 선이지만 인간의 손길이 닿자마자 곧 악으로 변한다. 자연은 무한히 베풀어 인간을 이롭게 하지만 인간은 그 고마움을 모른다. 청산 속에 살아도 청산의 고마움을 모르고, 공기와 물 속에 살아도 그 고마움을 모르고 산다. 자연이 가르치는 길을 따라 살면 몸은 순하고 마음은 선해진다. 아무리 베풀어도 받으려 하지 않고 끝없는 사랑으로 우리를 감싼다. 자연은 우리를 둘러싸고 있는 생명의 샘이요 원천이다.

주는 데서 받는 축복이 크니 주는 데에 인색하지 말라고 한다. 은혜를 베푸는 자는 그것을 남이 알지 못하게 하고, 은혜를 받는 자는 그것을 남이 알게 하라고 한다.

인품이 고결한 사람은 은혜 베풀기를 좋아하고 은혜받기를 싫어한다. 보답이나 사례를 기대하고 베푸는 은혜는 은혜가 아니다. 은혜를 베풀되 보응을 바라지 않고 베풀어야(施恩勿求報) 좋은 은혜가 된다.

나무는 큰 나무 덕을 못 보아도 사람은 큰 사람의 덕을 본다고 한다. 평생동안 어렵게 벌어서 사회에 내놓는 할멈들이 있다. 겉은 어수룩해 보여도 속은 크고 따뜻하여 세상을 훈훈하게 한다. 대기업의 총수들이 내놓는 거액의 돈보다도 훨씬 더 값진 돈이다.

인간의 마음은 본래 큰 것 받기를 좋아해서, 작은 것에 대해서는 감사할 줄을 모른다. 남에게 은혜를 베풀 때에는 처음부터 큰 것으로 하지 말라고 한다. 처음에 무겁게 하고 나중에 가볍게 하면, 처음에 베풀었던 큰 은혜는 무위(無爲)한 것으로 묻히고 만다.

사람은 감정의 동물이다. 잘못하여 사람의 감정을 상하게 하기도 하고, 잘하여 기쁘게 하기도 한다. 큰 은혜를 베풀어 지난날의 원한을 잊게 하는 경우도 있다. 그렇게 하여 두 사람의 사이를 좋게 잇는 수도 있다. 그러나 그런 일을 억지로 행하다간 상대방으로부터 빈축을 산다. 은혜를 베풀되 억지로 할 일이 아니요, 아주 자연스럽고 진실한 마음으로 해야 한다.

우리는 상대방이 나에게 위험을 끼칠 것으로 생각하면 불안하여 잠시도 평안을 느끼지 못한다. 위험을 끼칠 것으로 믿고 있던 사람에게서 은혜를 받으면, 몇 갑절의 은혜를 느낀다. 우리 주변에 혹시라도 나 때문에 불안해 하는 사람이 있으면, 은혜를 베풀어 불안으로부터 벗어날 수 있게 하면 얼마나 잘하는 일인지 모른다.

옛말에 검은 머리 가진 짐승은 도와주지 말라는 말이 있다. 동물 중에 검은 머리를 가진 동물은 사람이라고 한다. 사람들 중에 은혜를 모르고 사는 사람들에게는 은혜를 베풀지 말라는 뜻이다. 짐승도 은혜를 베풀면 은혜를 갚는다 하거늘, 은혜를 모르고 사는 사람이 있다면, 짐승만도 못하다 하여 사람대접을 하지 않는다.

은혜는 꼭 물질이나 돈으로 하는 것으로 생각하기가 쉽다. 어려울 때 따뜻한 말 한 마디가 사람을 감동케 한다. 말 한 마디로 천냥 빚을 갚는다 하거니와, 늘 따뜻한 말로 사람 대하기를 힘쓰면, 우리가 사는 세상은 한결 살기 좋은 훈훈한 곳이 될 것이다.

배 고픈 자에게 빵 한 조각이 얼마나 큰 힘이 되며, 힘든 자에게 짐을 들어 주어 가볍게 하면, 그것 또한 큰 은혜가 된다. 주변에 어려운 자가 있으면 주는 데 인색하지 않고 베풀면, 훗날에 크게 되갚음을 받을 것이다.

은혜를 베푸는 것도 좋지만, 남이 나에게 행한 은혜를 잊지 않고 사는 것도 중요하다.

각골 난망(刻骨難忘)이라는 말이 있다. 은혜를 받으면 뼈에 새기어 잊지 않고 갚는다는 뜻이다. 내가 남에게 베푼 은혜는 될 수 있으면 빨리 잊어버리되, 남이 나에게 베푼 은혜는 잊지 않고 갚는 것이 사람된 도리를 다하는 것이다.

이 글을 이렇게라도 쓰고 나니 마음이 후련하다. 남을 돕는 일이라고는 한 번도 해 본 적이 없는 사람이, 이런 제목의 글을 쓰는 것이 쉬운 일이 아니기 때문이다. 앞으로는 마음으로라도 더 많은 관심을 가지고 살아야 할 것 같은 생각이 든다.

주는데 인색하지 마라.
되로 주면 말로 받는다.

15 걱정은 만병의 근원이다 걱정할 가치가 있는 것만 걱정하라

이 세상에 걱정없이 사는 사람은 없다. 한 가지 걱정이 끝나고 나면, 또 다른 걱정이 차례를 기다린 듯 밀려온다. 근심은 마치 밭에 난 잡초와도 같아서, 뽑지 않고 그대로 놔두면, 무성하여 밭 전체를 망쳐 버린다. 그 잡초가 무성하기 전에 제거하지 않으면 곡식은 잘 자랄 수가 없다. 걱정도 그대로 놔두면 잡초처럼 자라나 우리 몸을 잠식(蠶食)하여 무너뜨린다.

세상에서 가장 벗어나기 어려운 것은 근심이란 마귀다. 어느 날 갑자기 이 마귀가 침입하여 우리를 괴롭히기 시작하면, 그 때를 놓치지 말고 덤벼들어야 한다. 도대체 내가 하고 있는 이 걱정이 무엇인지, 무엇 때문에 이런 걱정을 해야 하는지를 확실하게 알아차려야 한다.

근심을 해야 할 일을 근심하고 있는지, 근심할 필요도 없는 것을 근심하고 있지는 않는지 한 번 생각해 봐야 한다.

지금 진행되고 있는 일이 실패할지도 모른다는 근심을 하고, 도둑이 들어와 가족을 해치고 집안에 있는 것을 훔쳐갈지도 모른다는 근심을 한다. 어디가 조금만 아파도 죽을 병에 걸린 것은 아닌지를 걱정하고, 다 나은 병도 아직 낫지 않았다 하여 불필요한 걱정을 하다가 다시 병에 걸리기도 한다. 남편이 혹시 다른 여자와 바람을 피우고 있지는 않는지, 남편 역시 아내가 다른 남자와 음행한 일을 저지르고 있지는 않는지... 근심의 종류는 하도 많아서 이를 다 매거(枚擧)하기가 어렵다. 그 중에는 알고 보면 정말 걱정해서는 안 될 허망한 것들이 너무 많다.

일단 근심에 빠져들기 시작하면, 근심은 우리의 몸을 쇠사슬로 동여매듯, 조여들어 우리를 파멸로 이끈다.

아직 나타나지 않은 불확실한 일로 걱정할 필요는 없다. 지금의 이 행복이 무너져서 불행해지지나 않을까 태산 같은 걱정을 한다. 불행의 가능성을 미리 생각하고 걱정을 하면, 불행은 초고속으로 날아들어 우리를 무너뜨린다. 걱정은 만병의 근원이니 부질없는 걱정으로 몸을 망쳐서는 안된다.

걱정을 한다 해서 일이 좋게 되는 것은 아니다. 걱정을 하면 몸과 맘이 피로하여, 지금하고 있는 일에 열정을 다 쏟을 수가 없다.

지금하고 있는 걱정은 대부분이 미래의 일이거나, 이미 저질러진 일에 대한 것들이다. 엎질러진 물은 다시 쓸어 담을 수가 없다. 잘못된 일을 걱정한다고 해서 원상으로 회복시킬 수 있는 것은 아니다. 걱정을 해도 소용없는 걱정은 빨리 알아차려, 안하는 것이 좋다. 그래야 마음이 편해져서, 하고 있는 일을 잘하게 된다.

사람이 근심하는 습성에 빠지면 작은 일로도 근심하게 된다. 근심을 하지 않으려면 우선 근심하는 습성을 버려야 한다. 근심할 일이 생기더라도 단호하게 떨쳐버려야 근심의 마수에 걸려들지 않는다.

만약 우리의 가슴속에 어떤 억울함이 있으면 단호히 떨쳐 버려야 한다. 만일 우리의 가슴 속에 남을 원망하거나 미워할 일이 있으면 단호히 떨쳐 버려야 한다.

지금하고 있는 근심이 얼마나 할만한 가치가 있는지를 자문자답해 봐야 한다. 정말 가슴 속에 묻어두고 속을 썩일만한 가치가 있는 것인지를 생각해 봐야 한다.

우리의 생활이 평화롭고 살기 좋은 생활이 되도록 하기 위해서는, 우리의 마음을 좀먹듯이 먹어 들어오는 이 근심을 없애야 한다. 녹이 쇠를 먹어 들어가듯 근심 또한 우리의 마음을 먹어 들어간다. 그리하여 종래에는 우리를 힘 못쓰는 비참한 사람으로 만들어 버린다. 인생의 귀중한 시간을 사소한 근심으로 소모하는 것보다 더 어리석은 일은 없다.

이런 글귀가 있다.

"좋은 집에 살 때는 한 데서 잠자는 사람을 걱정하고, 좋은 음식을 먹을 때는 호구(糊口)에 시달리는 사람을 걱정하고, 시원한 곳에 있을 때에는, 더운 날 농부들의 고생을 생각하고, 따뜻한 곳에 있을 때에는 옷 없이 헐벗는 사람을 걱정해야 한다."(英革/處世食堂記)

참 좋은 글귀 같다. 걱정 중에서도 이런 걱정을 하며 살면 참 좋은 걱정이 될 것이다. 이렇게 사는 것을 처세의 본으로 삼는다면 참 좋은 처세가 될 것이다. 나는 이런 생각에 미치지 못하고 사니 부끄럽기 그지없고, 그저 마음뿐인 것을 어찌 하겠는가.

나이는 백년도 못 살면서 늘 천세(千歲)의 근심을 한다.(生年不滿百 常懷千歲憂)는 옛말이 있다. 사람은 근심 속에 묻혀 살다가 근심하며 죽는다.

시름은 시름따라 떠나지 아니하니
이 마음 잠시인들 편하기 바랄건가
이 시름 어데서 온가 알 길 없어 하노라.(미상)

칼로 물을 베면 물은 다시 이어져서 흐른다. 술에 취해 근심을 없애 보려 하지만, 술기가 사라지면 억만 개의 근심이 다시 엄습해 온다. 이 놈의 근심을 어찌하면 좋으며 근심없이 살 수는 없는 것인가?

기우(杞憂)라는 말이 있다. 쓸데없는 걱정이나 지나친 근심을 하는 것을 이르는 말이다. 중국의 기(杞)나라에 만사를 근심하는 사람이 있었다. 만약 천지(天地)가 무너져 내린다면 어떻게 할까 하는 불안 때문에 밤에 잠을 이룰 수가 없었다. 그러나 하늘은 그저 공기가 쌓여 있는 곳이고, 땅은 사방이 온갖 것으로 가득 차 있으므로 염려할 것이 없다는 설명을 들었다. 그러고 나서야 비로소 안심했다고 한다. 부질없는 근심일랑 아예 할 것이 아니요, 늘 세상을 바르고 씩씩하게 살면 근심이 얼씬거리지도 못할 것이다.

걱정할 가치가 있는 것만을 걱정해야 한다. 어떻게 하면 늦잠을 자지 않고 일찍 일어날 수 있을 것인가. 어떻게 하면 건강 관리를 잘해서 병에 걸리지 않고 살 수 있을 것인가. 어떻게 하면 가족들과 불화에 휩싸이지 않고 평화롭게 살 수 있을 것인가. 어떻게 하면 아이들이 학교 생활에 충실하고, 가정에서 형제간에 우애하며 살 수 있게 할 것인가. 어떻게 하면 지금 하고 있는 일을 더 열심히 할 수 있을 것인가. 어떻게 하면 군 생활을 하는 아들이 편안한 마음으로 군 생활에 전념할 수 있게 할 것인가... 끝없이 이어지는 이런 질문에 잘 대답할 수 있어야 한다. 그러면 부질없는 근심에 휘말려 몸과 맘을 상하는 일이 없을 것이다.

걱정은 만병의 근원이다.
걱정할 가치가 있는 것만 걱정한다.

16 급할 때만 하나님 조상님 하지마라 미리부터 그분들과 거래하라

조상이란 같은 혈통의 할아버지 이상의 어른들을 말한다. 사람들은 조상으로부터 물려받은 것이면, 자기(瓷器)와 같은 귀한 것으로부터, 하찮은 것에 이르기까지 가보로 여겨 소중히 간직한다.

그 물건에 조상의 얼이나 사랑이 담겨 있어서, 이를 소중히 여기면, 조상으로부터 복을 받아 잘 살 수 있으리라는 생각을 한다. 어떤 물건을 소중히 여기면 "조상처럼 여긴다"는 말을 하기도 하고, 그런대로 밥술이라도 먹고 살면 "조상 덕에 먹고 산다."는 말을 하기도 한다.

조상을 숭배하며 살면 가화(家和)는 물론이어니와, 재물의 덕도 커서 의식(衣食)에 궁하지 않고 살 수 있다고 믿는다. 조상 중에 이름난 분이라도 있으면 가문의 영광이라 하여 이를 늘 자랑스럽게 여긴다.

그러나 옛말에 "잘 되면 제 탓이요, 잘못되면 조상 탓"이라는 말이 있다. 일이 잘 되면 자기의 능력이 좋아 그런 것이라 여기지만, 잘못되면 그것을 전적으로 조상의 탓으로 돌리는 경우도 있다.

조상들은 죽으면서까지 후손을 걱정하며 죽는다. 조상의 그런 생각이 음덕(陰德)으로 작용하여 후대에까지 미칠 것으로 생각한다. 그래서인지 조상에 대한 숭배의 염(念)이나 조상의 것을 물려받아 사는 것을 아주 자랑스럽게 생각하기도 한다.

나도 지금 부모님이 지켜오시던 땅을 조금 가지고 있지만, 아무리 어렵다고 해도 그것을 처분할 생각이 없다. 가능하면 대를 이어 물려주어 나와 같은 생각으로 조상을 숭배하며 살 수 있게 하고 싶다.

조상에 대한 숭배의 염으로 제사를 지내, 조상과의 선연(善緣)을 계속 이어 살고자 한다. 형식은 각 가정마다 다를 수 있지만, 제사는 자자 손손에게 면면(綿綿)히 이어져야 한다는 생각을 가지고 산다. 그렇게 해야 복을 받아 살 수 있다고 생각하기 때문이다. 부모가 훌륭한 분이던, 미천한 필부(匹夫)이던, 죄를 짓고 사셨던 분이던, 나를 낳아 길러준 부모에게는 늘 감사의 염을 표하며 살아야 한다.

잘난 부모 밑에 태어난 것만을 자랑할 것이 아니요, 혈윤(血胤)을 이어 받은 것만으로도 감사하게 생각하며 살면, 하늘은 늘 축복을 내려 잘 살게 할 것이다. 급할 때만 조상을 찾을 것이 아니요, 평소에 자손된 도리를 다하며 살면, 필연 자손 만대가 번영을 누리며 살 것이다.

인생의 희로 애락(喜怒哀樂)은 다 내 마음이 짓는 바에 따라 달라진다. 내가 내 마음을 어떻게 짓느냐에 따라 이 세상이 기쁜 세상이 되기도 하고, 또 괴로움의 세상이 되기도 한다. "하늘나라는 내 마음 속에 있다."고 예수 그리스도는 외쳤다. 내 마음이 천국을 만들기도 하고 지옥을 만들기도 한다.

내가 쓰는 안경의 색깔에 따라 일체가 검게도 보이고, 푸르게도 보인다. 어떤 마음의 안경을 쓰고 바라보느냐에 따라 이 세상은 더러운 오토(汚土)가 되기도 하고, 즐거운 정토(淨土)가

되기도 한다. 이처럼 요망스럽기 그지없는 이 마음을 바로 잡을 수 있는 것은 아무것도 없다. 사람의 능력으로 이를 바로 잡아보려 하지만 좀처럼 어려운 일이다. 잡혔다가도 곧 흐트러져서 전과 같이 잘못된 마음이 된다. 우리의 마음이 흔들리지 않게 하는 것은 뭐니 뭐니 해도 신앙의 힘이 크다.

하나님과 같은 절대주(絶對主)를 마음에 모시고 살고, 그분에게 전적으로 의지하며 살면, 우리의 생활은 경건하고 흔들림 없는 생활이 될 것이다. 하나님은 우주 만물을 창조하신 분으로, 그분의 손길이 미치지 않는 곳이 없고, 또 우주 만물의 운행을 주관하신다.

예수 그리스도를 본 받으며 살고, 그리스도의 마음을 내 마음으로 삼고, 또 그리스도의 얼굴을 내 얼굴로 삼고, 그리스도가 걸어간 길을 나도 걸어가려고 할 때, 우리의 생활은 경건하고 참된 생활이 되고, 바르고 의롭게 사는 생활이 된다.

신앙생활에서 제일 중요한 것은 기도다. 우리가 세상에서 얻는 세상적인 지식도 큰 힘이 되지만, 기도는 더 큰 힘이 된다. 지식의 힘도 무섭지만 기도의 힘은 더 무서운 힘이 된다. 신앙생활을 하는 것은 곧 기도의 생활을 하는 것이기도 하다.

우리는 기도를 통해 위대한 힘을 얻는다. 마음이 심란(心亂)할 때 마음의 평정(平靜)을 얻고, 죄를 짓고 방황할 때 회개의 힘을 얻고, 절망의 나락(奈落)에 빠져 허덕일 때 희망의 빛을 얻을 수 있고, 남을 원망하거나 미워할 때 사랑하는 힘을 얻고, 남이 용서를 구할 때 용서해 주어 편안한 마음으로 살게 한다.

기도를 하며 살면 교만한 마음이 없어지고, 허영이나 거짓의 마음이 없어진다. 분노하거나 탐욕하는 마음이 없어지고, 세상을 바르고 의롭게 살게 된다.

기도를 하되 온 마음으로 해야 한다. 내 마음의 모든 것을 기울여 기도하고, 온 정성으로 기도할 때, 기도의 응답이 온다.

어떤 어려운 일이 생겼을 때만이 기도할 것이 아니요, 평소의 신앙생활이 근실(勤實)해야 어려운 일이나 재액(災厄)도 피할 수 있다. 감당하기 어려운 일이 닥쳐왔다 해도, 신실(信實)한 마음으로 기도하기를 힘쓰면, 그 어려운 고경(苦境)에서 벗어나 새로운 평안을 얻어 살게 된다.

기도하기를 계속하면 첫째, 놀라운 위안을 얻는다. 인생에는 견디기 어려운 고난의 십자가가 수없이 밀려온다. 병으로 고생하고, 사업에 실패하고, 이별의 슬픔에 젖고, 죄를 짓고 괴로워하고, 가까운 이의 죽음으로 가슴이 아프고, 절망에 빠져 신음하고, 실연으로 슬퍼하고... 등등 헤아릴 수 없이 많은 어려움에 부딪친다. 기도만이 우리에게 위안을 준다. 하나님을 믿는 신앙과 기도를 통해서 얻는 위안만이 우리들의 마음의 영원한 위안이 된다.

둘째, 기도하기를 계속하면 끊임없는 영(靈)의 인도를 받는다. 간절한 기도만이 우리가 하는 일에 영의 인도를 받는다. 우리의 모든 생각과 열정을 한 데 모아, 어떤 소원을 이루고자 간절히 기도할 때, 기도의 보응을 얻는다. 한 가지 생각을 자나깨나 골똘하게 하고, 간절히 이루기를 염원할 때, 영의 인도를 받아 소원하는 바가 성취된다.

셋째, 우리가 기도를 하면 확실한 신념이 생긴다. "신념은 기적을 낳고 훈련은 천재를 만든다."는 말이 있다. 이 세상에서 신념처럼 무서운 것이 없다. 신념이 산을 움직이고, 우리와 우리 이웃을 움직이고, 세상을 움직인다. "네가 믿는대로 되리라."라는 예수그리스도의 말은 맞는 말이다. 신념은 불가능한 일을 가능한 일로 바꾸는 무서운 힘을 가지고 있다.

하나님을 믿으면 내세관(來世觀)이 생기고, 내세에서의 구원관(救援觀)이 확립된다. 현세에서의 생활이 경건치 못하고서는 결코 내세에서의 구원은 이룰 수가 없다.

구약 성경 시편에 나오는 다윗의 시를 읊으면서 이 글을 맺고자 한다.

"여호와는 나의 목자시니 내게 부족함이 없으리로다. 그가 나를 푸른 풀밭에 누이시며 쉴 만한 물가로 인도하시는도다. 내 영혼을 소생시키시고 자기 이름을 위하여 의(義)의 길로 인도하시는도다. 내가 사망의 음침한 골짜기로 다닐지라도 해(害)를 두려워하지 않는 것은 주께서 나와 함께 하심이라. 주의 지팡이와 막대기가 나를 안위하시는도다. 주께서 내 원수의 목전에서 내게 상을 차려 주시고 기름을 내 머리에 부으셨으니 내 잔이 넘치는도다. 나의 평생에 선하심과 인자하심이 반드시 나를 따르리니 내가 여호와의 집에 영원히 살리로다"

하나님의 사랑과 은혜에 늘 감사하고, 조상님의 은혜를 늘 머리 속에 기억하며 살기를 간원하라. 어려울 때만 구하고, 그 어려움이 지나고 나면 다시 잊어버리는 생활로는 결코 이루고자 하는 바를 이룰 수가 없다. 평소에 그분들을 잊지 않고, 그 분들에게 의지하고 매달릴 때, 그분들로부터 받는 축복이 클 것이다.

급할 때만 하나님 조상님 하지마라.
미리부터 그분들과 거래하라.

17 병을 두려워 말라 일병 장수 무병 단명이라는 말도 있다

세월처럼 무정한 것이 없다. 잠시만 머물다 가라고 통사정을 해도 소용이 없다. 세월은 우리가 잠든 사이에도 흐르고, 일에 몰두하여 정신없이 뛰고있는 사이에도 흐른다.

세월은 그냥 흐르는 것이 아니고 반드시 흔적을 남기며 흐른다. 몸의 도처에는 노쇠의 흔적이 역연하다. 나이는 훈장이 아니고 덫이라고 한다. 인생의 덫이요 세월의 덫이다. 세월이 쳐놓은 이 덫에 걸리지 않는 사람은 없다. 젊은이들은 아직 이 덫이 눈에 보이지도 않을 터이지만, 늙은이들은 이미 이 덫에 걸려 이 덫 속에서 허우적 거리며 산다.

내 나이 벌써 망팔(望八)에 들어선지 오래다. 돌아다 보니 그간의 세월이 일순(一瞬)으로 흘러가 버린 것 같다. 그래서 인생을 부생 약몽(浮生若夢)이라 하는 것일까. 노쇠의 덫에 걸려 허덕이면서도 이렇게 씩씩하게 살고 있으니 참 다행 대복(多幸大福)이 아닐 수 없다. 내 나이 또래에 벌써 가서 산에 누워있는 놈들이 있지만, 나는 이렇게 살아 남아 세상을 힘차게 호흡하며 사니 감사할 일이다.

나이는 숫자에 불과하다고 한다. 마음으로라도 위로하여 살게 하고자 함일 것이다. 나이가 들면 늙는 것이고, 늙으면 그 증상이 몸의 도처에 나타나 시달린다.

잠시 짬을 내어 노쇠의 증상이 어떤 것들이 있는지 알아 보았다. 첫째는 외롭고 쓸쓸하여 잘못하다간 우울증에 걸린다. 둘째는 잔소리가 많고, 셋째는 엄살이 많으며, 넷째는 새벽잠이 없으며, 다섯째는 분별력이 약하다. 여섯째는 잘못을 저지르고도 부끄러운 줄을 모르며, 일곱째는 의욕이 떨어져 일에 자신감이 없다. 여덟째는 건망증이 심해 자주 잊어버리고, 아홉째는 몸이 노쇠하니 힘이 없고 병에 걸려 시달린다.

이 노쇠의 증상 중에서 가장 무서운 증상이 병에 걸려 시달리는 일이다. 아직 큰 병은 없다 하더라도 해가 다르게 기운이 빠져 갈수록 살기가 힘들다. 그러다가 몹쓸 병이라도 걸리면 시달리다가 간다. 용케도 그런 병에 걸리지 않으면 천은(天恩)을 입은 것이니 감사하며 살 일이다.

병을 두려워하지 말라고 한다. 이 세상에 병을 두려워하지 않는 사람은 없다. 한 번 병에 걸리면 황금의 병상(病床)도 아무 소용이 없고, 지금까지 누렸던 부귀 영화도 일취지몽(一炊之夢)이 된다.

병은 육체를 약하게 만들고 정신까지도 약하게 만든다. 병이 깊으면 깊을수록 살려는 의욕은 더 강해진다. 집안의 모든 잡다한 일 다 제쳐놓고, 오직 살려는 일에만 전념한다.

병에 걸린 것을 부끄럽게 여기지 말고, 병을 알려 자랑하면 다른 사람들의 경험담을 들을 수도 있다. 때로는 그들에게서 소생의 희망과 위안을 얻어 마음의 평안을 얻기도 한다.

영국 속담에, "병이 들어 올 때는 말을 타고 들어오나 나갈 때는 걸어서 나간다."(Sickness comes on horseback and departs on foot.)는 말이 있다. 병을 가볍게 여기고 교만에 빠지면 병은 절대로 낫지 않는다. 몸보다는 재물을 중히 여겨 병 고치기를 소홀히 하는 사람도 있다. 돈을 아끼다가는 돈도 잃고 생명도 잃는다. 무당이나 복자(卜者)의 말을 믿다간 고칠 병도 고치지 못하고 간다.

병에 대한 공포심을 버리고 의사의 지시에 따르라. 병은 단순한 기분이나 감정으로는 고칠 수가 없다. 무서운 중증의 환자는 결코 마음만으로 치료되는 것이 아니다. 무엇보다도 먼저 의사를 신뢰하고, 병과 싸워 이길 수 있는 자신감을 가져야 한다.

병에 걸려 죽을 것이라는 생각부터 하게 되면 병은 절대로 고쳐지지 않는다. 환자가 죽을 생각을 먼저 하면 백약 명의(百藥名醫)가 다 소용이 없다. 명년 봄에 입을 옷은 무슨 색깔로 하고, 옷 스타일은 어떤 것으로 해야 할 지를 먼저 생각해야 한다.

평소에 건강에 유의하여 병에 걸리지 않도록 해야 한다. 건강의 고마움은 병을 앓은 후에야 안다고 한다. 사람이 하는 일 중에 가장 어리석은 일이 하나 있다. 지나치게 이익을 추구하다가 건강을 잃는 일이 바로 그 일이다. 몸이 상하는 줄도 모르고 일에 몰두하다가 몸을 망치는 경우가 허다 하여 하는 말이다.

건강의 유지는 우리 모두의 책무이다. 생리학적인 도덕률이라 할 만큼 건강에 대한 책무를 다 해야 한다. 병은 사람의 몸에서 일어나는 것이지만 마음이 잘못되어서 일어나는 경우도 많다. 늘 세상을 바라보되 밝은 마음으로 바라보고 어두운 마음으로 바라보아서는 안된다. 마음이 어두우면 몸이 말을 듣지 않고, 몸이 말을 듣지 않으면 병에 걸리기가 쉽다.

건강할 때 건강을 지키라 하였다. 병이 든 다음에 건강을 지키려고 하면 이미 늦은 것이다. 삼정승(三政丞) 부러워 말고 내 몸 지키기를 먼저 하라는 말도 그래서 하는 말이다.

소식(小食) 다동(多動)이라는 말이 있다. 음식을 적게 먹고 많이 움직이라는 말이다. 밥을 먹되 배를 8부만 채우라고 한다. 왜냐하면 다식과 건강은 서로 동행하지 않기 때문이다. 다식(多食)은 만병의 근원이니 다식으로 건강을 꾀할 생각을 해서는 안된다. 건강은 많이 움직임으로부터 오고(多動), 마음의 만족 또한 건강으로부터 온다. 늘 즐거운 마음을 가지고, 절제된 생활을 하며 살고, 마음의 평정을 유지하며 살면 필연 건강하게 살 수 있을 것이다.

"사람은 성스럽기 전에 건강해야 한다."(A man must be healthy before he can be holy.)는 말이 있다. 성직에 종사하는 사람도 건강해야 그 직을 지킬 수 있고, 건강을 잃은 후에 건강을 달라고 간구해 봤자 아무 소용이 없다.

몸에 병이 있으면 바로 병원으로 가야 한다. 약으로 치유될 병은 약으로 치료하고, 칼로 째야할 병이면 째서라도 치료해야 한다. 마음이 투철해야 병을 고치고, 병 없는 몸으로 사는 것보다 더 행복한 생활은 없다.

일병 장수(一病長壽)라는 말이 있다. 장수하려거든 한 가지 병이라도 있어야 한다는 말이다. 고로롱 팔십이라는 말이 있다. 몸에 병이 있어야 병을 경계하며 살고, 병을 경계해야 병이 침범하지 못한다. 몸에 병이 없으면 경계하는 바가 없어 무절제에 빠진다. 그래서 무병 단명(無病短命)이라는 말이 나왔다. 몸에 병이 있으면 술, 담배, 마약 같은 것을 조심하며 살지만, 몸에 병이 없으면 자기 몸을 과신(過信)하게 된다. 지나치게 과신하다간 하룻밤 사이에 가는 불행을 겪는다.

병이 나면 병원에 가서 고칠 생각을 해야 한다. 어지간한 병은 다 고칠 수 있을 만큼 세상이 좋아졌다. 홍시만 떨어지는 것이 아니라 땡감도 떨어지니 늘 조심하며 살 일이다.

병을 두려워 마라.
일병 장수 무병 단명이라는 말이 있다.

18 세상을 비관적으로 보지마라 이왕이면 다홍치마라고 밝은 눈으로 바라보라

언젠가 T.V.에서 본적이 있는 이야기다. T.V.에 나온 당사자는 현재의 나이가 61세라고 했다. 세상에서 하는 일이 모두 실패로 끝나자 처자식들마저 다 그를 등지고 떠나가 버렸다. 혈혈 단신(孑孑單身)에 무일푼의 신세가 되었으니 살 길이 막연했다. 죽음의 길을 택할 수도 있었지만 용기 백배하여 살기로 결심했다.

피천 한 푼 없는 알거지가 된지라 재기의 꿈이고 뭐고 생각할 여유가 없었다. 누구 하나 도와 줄 사람도 없는지라 하는 수 없이 깊은 산 속으로 들어가 살기로 했다. 주변에서 주워 모은 판자와 돌들로 겨우 살 거처를 마련했다. 사람이 너무 궁색하여 꽉 막히게 되면 그럴 수 밖에 없을 것이다.

솥은 어디서 주워왔는지 이상야릇한 것이었고, 주변에서 주워온 판자조각이나 나뭇가지로 불을 지펴 밥을 지어 먹었다. 반찬이라고는 어떻게 마련했는지는 모르나 김치와 그 외 한 두가지가 고작이었다. 전기가 없는지라 밤은 아예 불빛없이 살고, 문짝도 없는 냉장고를 주워다가 창고 대용으로 사용했다. 냉장고가 있다고 해도 전기가 없으니 무슨 소용이 있겠는가. 산에서 흘러나오는 물을 받아 식수나 허드렛물로 사용했다.

그가 쓰고있는 용기(容器)들은 모두가 남이 버린 것들이었고, 쓸만 한 것이라고는 하나도 없는 겨우 연명(延命)을 위한 것들이었다.

그의 나이에 왜 틀니를 하고 있었는지는 알 길이 없다. 워낙 모진 세월을 산지라 몸이 견디다 못해 이가 다 망가졌는지도 모른다. 고기잡이를 나갈 때는 그 틀니를 빼서 플라스틱통 속에 넣어 두고 나갔다. 그가 없는 사이에 짐승들이 들어와 물고 가버리면 200여 만 원을 손해봐야 한다고 했다. 지금 형편으로는 그 돈을 마련할 길이 없어 금지 옥엽(金枝玉葉)처럼 소중히 여긴다고 했다.

나물 먹고 물 마시고(飯疏食飮水) 팔을 베고 잠을 자도(曲肱而枕之) 그 속에 기쁨이 있으니(樂亦在中) 대장부 살림살이 이만하면 족하도다는 옛 글귀가 있다. 이런 생활속에서 안심 입명(安心立命)을 얻어 사니 이보다 더한 기쁨도 없다.

그의 집은 심산(深山)에 자리잡은지라 마을에서 얼마나 떨어져 있는지는 알 길이 없다. 그만이 오르내리는 길이 희미하게나 있지만, 그가 아니고서는 찾아가기조차 힘든 길이었다. 그런 생활을 무려 16년이나 했으니, 그는 이젠 완전히 산에 동화된 산인(山人)이요, 자연을 벗삼아 사는 자연인(自然人)이다. 45세부터 61세까지 어찌보면 인생의 황금기를 세상을 등지고 살았다. 이처럼 깊은 유곡(幽谷)에서 고적(孤寂)을 벗하여 살았지만, 고적의 흔적이라고는 찾아볼 수가 없었다. 이 사람처럼 완전히 탈속(脫俗)해 버리면 되레 그런 생활이 편할는지도 모른다.

그의 유일한 생존 수단은 그가 만든 고기잡이 배가 전부였다. 플라스틱을 밑에 깔고, 그 위에 나무 판자를 엮어 물 위에 뜰 수 있도록 만든 배였다. 그런 배에 노를 만들어 붙여 저으니, 그래도 영락없는 고기잡이 배였다. 그렇게 해서 온갖 물고기를 잡아다가 먹으니, 섭생은 그런대로 좋아 건강해 보였다. 문명을 등지고 살지만 조금의 불편도 없이 사니, 행복하기 그지없는 문명의 이단자(異端者)였다.

있으면 먹고 없으면 없는대로 사니, 자연을 따라 사는 자연 속의 생활이 되었다. 세상의 번뇌와 탐욕을 다 버리고, 자연을 벗하여 편안한 마음을 얻어 사니, 도원(桃園)이 따로 있을 수가 없다.

탐욕으로부터 걱정이 생기고, 탐욕으로부터 두려움이 생긴다. 탐욕이 없는 곳에 근심이 없으니 또 어디에 두려움이 있겠는가.(貪慾生憂, 貪慾生畏, 無所貪慾, 何憂何畏)

탐욕 속에서 살다가 탐욕을 버렸고, 티끌 속에서 살다가 티끌에서 벗어나 사니 마음은 늘 홀가분하여 하늘을 비상(飛翔)할 것만 같다.

떠나간 가족들이 때로는 그립기도 하겠지만, 서로 등지고 떠난지 16년이나 되었으니, 회한(悔恨)도 이제는 다 찌들어 마르고, 그저 담담한 맘으로 평온을 얻어 산다. 이순(耳順)의 나이에 선경(仙境)을 얻어 사는 것 같아 그 기쁨이 크다.

주변 숲이 무성하니 보이는 것이라고는 하늘 뿐이고, 새소리, 물소리, 바람소리를 벗하여 살고, 온갖 산 짐승의 소리를 생명의 소리로 들으며 산다. 밤이면 유성(流星)이 긴 꼬리를 달고 쏟아져 내리고, 태고의 전설에 묻히면 밤이 깊는 줄도 모른다.

세상을 비관적으로 보지마라. 이곳에서는 죽을 것만 같던 마음도, 잠시 딴 곳으로 마음을 돌리면 희망과 환희가 넘친다. 근심 없이 살면 병이 없고, 병 없이 살면 호의 호식이 부럽지 않다. 근심이 많은 사람이 큰 병에 걸리고, 근심 없이 살면 큰 병에도 걸리지 않는다. 정신이 박약한 사람들이 큰 병이 없는 것은, 정신이 박약하여 근심이 없기 때문이다. 동물들이 암에 걸리지 않는 것은, 그들의 생활이 단순하여 얽힌 일도 곧 잊어버리며 살기 때문이다.

달이 지고 나면 해가 떠오르고, 해가 지고 나면 달이 떠오른다. 어둠이 가시고 나면 밝음이 오고, 밝음이 가시고 나면 어둠이 다시 온다. 따뜻한 봄이 있는가 하면 추운 겨울이 있고, 무더운 여름이 있는가 하면 서늘한 가을이 있다. 세상 만사는 이렇게 음양이 교차하여 흐른다. 어느 것 하나가 길게 자리를 독차지 하여 있는 것은 아니다.

세상에 비관만 있다면 비관만 하며 살 일이지만, 비관만 있는 것이 아니고 낙관도 있다. 이 세상의 일체(一切)는 마음의 짓는 바에 따라 달라진다. 내 마음이 어두우면 세상 일체가 어두워 보이고, 내 마음을 밝게 지으면 세상 모든 것이 밝게 지어 나타난다.

사업이 지금 안된다고 영원히 안되는 것은 아니다. 모든 일이 잘 될 것이라는 생각으로 살면 꼭 그렇게 될 것이다. 자식놈들이 공부를 잘못한다 하여 마음 상해 하지마라. 다른 재능을 찾아 살게 하면 대성(大成)하여 세상을 놀라게 할 것이다. 남편의 성품이 거칠어 도저히 같이 못 살 것 같아도, 조금만 더 참고 이해하며 살면 언젠가는 잘 풀려 좋은 남편이 될 것이다.

마음의 짓는 바에 따라 똑같은 상황을 이렇게도 보고 저렇게도 본다. 세상을 비관적으로 보면 어둡게 보이고, 낙관적으로 보면 아무리 어려운 일도 밝게 트여 보일 것이다.

T.V.에 나온 그 사람이 45세의 젊은 나이에 세상을 버렸더라면, 지금의 그런 생활이라도 누릴 수가 없을 것이다. 그러다가 다시 세상 속으로 들어와 힘차게 재기하여 살면, 이보다 더 아름다운 인생 여정도 없을 것이다.

절망은 용서할 수 없는 죄라고 한다. 현재의 비참한 생활의 저편에는 아무것도 없으리라고 생각하지 말라, 언젠가는 여명(黎明)의 찬란한 태양이 눈부시게 비쳐올 것이다.

신이 우리들에게 절망을 보내는 것은, 우리들을 죽이려는 것이 아니고, 우리들 속에 새로운 생명을 불러일으키기 위함이다.

세상을 비관적으로 보지 마라.
이왕이면 다홍치마라고 밝은 눈으로 바라보라.

19 좋건 나쁘건 지난 날은 무효다 소용없는 일에 집착하지 마라

흘러간 물로서는 물방아를 돌릴 수 없다는 말이 있다. 흘러간 물은 이미 죽은 물이고 죽은 물은 물방아에게는 아무 소용없는 물이다. 아무리 큰 힘을 가진 장사라도 지나간 날을 다시 불러 올 수는 없다. 한 번 흘러간 과거는 영원한 과거로 묻히게 된다.

아무리 좋은 일이라도 과거 일에 의존해서는 안된다. 그 일에 의존하다간 과거 속에 사는 과거인이 된다. 그런 사람은 과거 일보다 더 좋은 일을 할 수가 없다. 우리가 사는 시간은 현재이지 과거가 아니다. 현재를 과거처럼 살다간 현재를 망치고 만다. 또 지나간 일로 슬픔에 젖거나 괴로워해서도 안된다.

과거를 잊지 못하는 사람은 과거를 다시 되풀이 하는 사람이 된다. 과거를 가끔 생각할 수는 있어도 되풀이해서는 안된다. 과거에 연연(戀戀)하면 과거에 안주(安住)하는 사람이 된다.

이미 톱질이 끝난 톱밥을 다시 톱질할 수는 없다. 과거는 톱질이 끝난 톱밥과도 같은 것이다 지나간 일을 슬퍼하는 것은 톱밥을 다시 톱질하는 것과도 같다.

"신(神)조차도 과거는 개혁할 수 없다."는 말이 있다. 흘러가 버린 것은 무용한 것이고, 무용한 것을 개혁해봤자 아무 소용이 없다. 과거가 제아무리 화려하다 해도 이제는 한 환영(幻

影)에 지나지 않는다. 과거를 자랑삼아 이야기하는 사람의 얼굴에는 어딘가에 우수가 서려있다. 상실한 시간 속에서 행복을 찾으려는 사람보다 더 어리석은 사람은 없다.

놓친 고기가 훨씬 더 크게 보이고, 나간 머슴이 훨씬 더 일을 잘한 것처럼 느껴진다. 사람들은 잃어버린 것을 애석하게 생각하고, 현재 가지고 있는 것은 훨씬 더 못하다고 생각한다.

"노인은 과거에 산다."는 말이 있는 것도 노인에게는 살아온 세월이 훨씬 더 크게 느껴지기 때문이다. 살 날은 얼마 남지 않았고, 살고 있는 현재도 힘이 없어 살기가 힘들다. 과거의 일을 들추어 올려 마치 영웅처럼 살았노라고 아무리 자랑을 해도 들어주는 사람은 거의 없다.

시불 재래(時不再來)라는 말이 있다. 시간은 한 번 가면 다시 돌아오지 않는다는 뜻이다. 우리는 무한 세월 중에 잠시를 살다가 간다. 무궁 세월에 비하면 일순(一瞬)에 지나지 않는 시간을 살다 간다. 절대 권력을 휘두르는 자도 세월 앞에서는 아무 힘을 쓰지 못한다. 세월을 되돌릴 수 있는 자는 아무도 없다. 세월 앞에 무참히도 쓰러져 다시 일어나지 못하고 간다. 지나간 세월은 결코 믿을 것이 못된다. 그건 허망하고 신기루와 같은 것이다.

과거의 기억 중에 우리를 기쁘게 하고, 힘을 내게 하는 기억이 있다. 과거의 기억 중에 우리에게 기쁨을 줄 때에만 과거에 대해서 잠시 생각해야 한다. 슬픈 기억에 빠져 그 슬픔에서 헤어나지 못하면 현재를 망치게 된다.

그렇다고 과거가 무용한 것은 결코 아니다. 과거를 잘 산 사람만이 현재를 잘 사는 사람이 된다. 현재라는 시간은 과거와의 연장선상에 있는 시간이고, 미래 또한 현재에 이어지는 시간이다. 과거를 잘 산 사람이 현재를 잘 살 수 있고, 현재를 잘 산 사람이 또한 미래를 잘 살 수 있다. 과거를 잘못 산 사람이 현재를 잘 살려고 하면 새로운 각오가 필요하다.

인생의 가장 중요한 자본은 시간이라는 자본이다. 시간이 황금이라고 하는 것도 그래서 하는 말이다. 시간은 황금처럼 소중하니 아껴서 살라하여 하는 말이다. 그러나 시간은 황금보다도 더 소중하다. 돈을 주고도 살 수 없는 것이기 때문이다. 천만금(千萬金)을 주어도 단 1초의 시간을 살 수가 없다. 그래서 시간은 황금보다도 훨씬 더 귀중한 것이 된다.

우리는 시간의 소중함을 알지 못하고 산다. 인간의 낭비 중에서 시간의 낭비처럼 잘못된 낭비는 없다. 시간의 낭비처럼 최악의 낭비는 없다.

일촌광음불가경(一寸光陰不可輕)이라는 말이 있다. 1촌의 시간도 가벼히 여겨서는 안된다는 뜻이다. 왜냐하면 가버린 시간은 다시는 돌아올 수가 없기 때문이다. 오늘이 가면 오늘은 영원히 돌아오지 않는다. 오늘을 잘못 살면 오늘을 영원히 허비한 것이 된다.

지금 우리가 살고있는 순간은 빛나는 순간이다. 지금 이 순간이 흘러가 버리면 다시는 돌아오지 않는 영원 속의 시간으로 묻힌다. 누구에게나 똑같은 시간이 주어지지만, 시간을 선용하는 자는 성공하고, 남용하는 자는 패배한다.

시간은 사람을 기다리지 않고 화살처럼 날아간다. 인간은 시간 속의 존재다. "인생은 시간이다."라고 할 수 있을 만큼, 우리의 인생은 시간 속에서 운영된다. 인생을 사랑한다면 시간을 사랑해야 한다. 시간을 사랑하는 자만이 시간을 소중히 여긴다.

죽음의 신은 아무런 예고도 없이 우리의 문을 두드린다. 그가 언제 찾아올지는 아무도 모른다. 홀연히 찾아와 우리를 데리고 간다. 생명이 가득한 광주리를 그에게 내밀어야 한다.

과일을 따다가 해가 지면 집으로 돌아가야 한다. 그 광주리가 채워진 대로 들고 집으로 돌아가야 한다. 절반이 채워지면 절반 그대로를 들고 돌아가야 한다. 광주리를 가득 채운 사람은 기쁘고 당당한 걸음으로 집으로 돌아 갈 수 있을 것이다.

마지막 돌아 갈 때는 무엇인가를 남기고 가야 한다. 사업가는 사업을 남기고, 장사를 한 사람은 돈을 남기고 간다. 좋은 스승은 훌륭한 제자를 남기고, 좋은 부모는 좋은 자식을 남기고 간다. 글을 쓰는 사람은 좋은 글을 남기고 가고, 위대한 사상가는 훌륭한 사상을 남기고 간다.

인생은 공수래 공수거(空手來空手去)라고 하지만 결코 그냥 가는 것은 아니다. 무엇인가를 남기고 간다. 인생은 빈손으로 가는 허망한 존재가 아니다. 찬란한 업적을 남기고 내 존재의 빛과 향기를 남기고 간다.

지난 일이라 하여 너무 소홀히 해서는 안된다. 지난날은 현재의 우리를 있게 한 토양이요 기초다. 지난날이 없고서야 현재의 우리가 있을 수가 없다. 과거와 현재는 연속선상의 시간 개념이다. 과거가 훌륭하였다 하여 이에 도취해서는 안된다. 훌륭한 과거를 거울삼을 수는 있지만 전적으로 의존해서는 안 된다. 슬프고 괴로운 과거에 빠져 헤어나지 못하면 그 일보다 더 잘못되는 일은 없다. 불필요한 일에 집착하는 것보다 더 무모하고 어리석은 짓은 없다.

"사람은 미래에 산다."는 말도 있지만 미래는 아직 오지 않은 시간이다. 그러나 미래에 대한 꿈과 희망이 있어야 고달픈 현재를 이겨낼 수 있다. 현재의 생활이 고달프고 힘들어도 언젠가는 풀리리라는 희망으로 산다. 현재 하고 있는 일에 부딪혀 열심히 땀을 흘리며 살 때 과거도 미래도 빛나는 시간이 된다.

좋건 나쁘건 지난 날은 무효다.
소용없는 일에 집착하지 마라.

20 누가 욕한다고 속상해 하지마라 죽은 사람은 욕먹지 않는다

이 세상에 남을 욕하지 않고 사는 사람은 드물다. 나도 수없이 많은 욕을 하며 살았다. 다른 사람들도 나에게 수없이 많은 욕을 하며 살 것이다. 친구들과 같이 한 자리에 앉으면 남의 허물을 들추어 올려 욕할 때가 많다.

두 사람 이상이 자리를 같이 하면 말잔치가 벌어지고, 그 말잔치에서 다른 사람을 난도(亂刀)질 하여 몹쓸 사람으로 만들어 버린다.

남의 흉을 보기가 그렇게 좋고, 남을 흉보는 데서 굉장한 쾌감을 느낀다. 그러다 보니 작은 허물이 침소 봉대(針小棒大)되어 튀밥처럼 튀겨진다. 이런 일이 당사자의 면전에서 이루어진다면 기(氣)가 차서 죽을 일이지만, 다행이도 욕이란 당사자가 없는 데서 이루어진다.

그렇다 해서 이렇게 욕하는 사람들이 모두가 악한 사람들은 아니다. 평소 선량하기 그지없는 사람들이고, 별다른 악의 없이 남의 흉을 보는 데서 기쁨을 느낄 뿐이다. 어지간한 욕이나 비방은 서로 즐기면서 행한다. 그러다가 욕한 것이 상대방에게 알려지기라도 하면, 그들 간에 말싸움이 생기고, 종래에는 균열(龜裂)이 생겨 말도 않고 지낸다.

자기에게 허물이 있는 줄을 알면, 남의 허물을 들추어 올릴 일이 아니다. 남의 흉이 한가지면, 나의 흉은 열 가지도 더 되고, 남의 눈에 있는 티는 보이지만 나의 눈 안에 있는 대들보는 보지 못하고 산다.

분위기에 휩쓸리다 보면 남을 비난하거나 욕하는 일이 거침없이 행해진다. 그러다가 모임이 끝난 다음에는 내가 했던 말들을 곰곰이 생각하며 낯이 뜨거움을 느낄 때도 있다.

사람이 화가 나면 분별력을 잃는다. 그러면 여러 사람의 면전에서 욕설로 화풀이를 하는 경우도 있다. 아무리 당해야 할 욕설이라도 여러 사람 앞에서의 면박(面駁)은 창피스럽기 그지없는 일이다. 남의 잘못을 이야기하되 상대방의 기분을 고려하여 행하고, 본인의 품위도 갖추어 행하면 양자간에 큰 오해는 없을 것이다. 그러나 상대방의 결점을 찾으려 할 것이 아니요, 자기의 결점을 먼저 찾아내어 고쳐감이 옳다. 설령 타인의 결점이 발견되었다 해도 이를 감추어 주면, 나의 인격과 품위는 올라가고 아울러 훨씬 더 좋은 인간관계가 유지 될 것이다.

그 사람과 같은 입장에 서 보지 않았거든 그 사람을 함부로 이야기해서는 안된다. 그 사람을 말하기 전에 먼저 그 사람의 입장을 이해할 수 있어야 한다. 그 사람의 입장을 이해하는 일은 인간관계의 중요한 시작이고, 그 사람을 사랑하는 행위가 된다.

사람처럼 간사한 동물도 없어서, 열 마디 중에 한 마디만 잘못해도, 이를 트집 잡아 꼬집는다. 열 가지 중에 한 가지만 잘못해도, 잘못한 그 한 가지만을 들추어 올려 비방하기에 열을 올린다.

옛 시조를 한 수 읊고 계속하겠다.

세상 사람들이 입들만 성하여서
제 허물 전혀 잊고 남의 흉만 보는 구나
남의 흉 보거라 말고 제 허물을 고치과저(미상)

옛날부터 만인의 입에 널리 회자(膾炙)했던 시조다. 예나 지금이나 남의 흉보기를 다반사로 하니 세상이 좋아지지 않는다. 말로써 말이 많고, 말로써 세상 살기가 날로 힘들어진다. 두 마디 할 것을 한 마디로 줄여서 행하고, 남의 흉보는 일도 조금씩 줄여서 행하면 세상은 날로 좋아질 것이다.

우리 모두 말조심하며 살기를 기원하면서, 내친 김에 한 수 더 읊고 계속하고자 한다.

들은 말 즉시 잊고 본 일도 못 본 듯이
내 인사 이러함에 남의 시비 모르노라
다만지 손이 성하니 잔 잡기만 하노라(宋寅)

들은 말은 즉시 잊고 살면 후한이 없고, 본 일도 못 본 체 하며 살면 후한이 없다하여 읊은 시조다. 남의 시비를 모르고 살면 말 때문에 겪는 후한을 면할 수가 있을 것이다. 시시콜콜한 남의 뒷공론 따위는 아예 하지말고, 서로 좋은 점만을 본받아 살 일이다.

사람들은 남을 원망하기를 좋아하고, 남을 미워하는 일을 부끄럼없이 행한다. 남을 원망하거나 미워하면 그 피해를 상대방이 입는 것이 아니다. 그 피해가 나에게로 돌아와 나를 고통스럽게 한다. 그래서 원증 회고(怨憎悔苦)라는 말이 나왔다. 뉘우칠 일도 한 두 번으로 끝내야지 그것을 반복해서 행하다간, 그 타성에 빠져 할 일을 못하게 된다.

"천 사람의 손가락질을 받으면 병 없이도 죽는다"는 말이 있다. 그럴 수 밖에 없을 것이다. 사람의 비난을 많이 받고 견디어 낼 장사가 없기 때문이다. 비난은 곧 사람의 가슴에 비수(匕首)를 꽂는 것과 같은 것이다. 역지 사지(易地思之)하여 자기가 당했을 때를 생각해 보면 잘 알 수 있을 것이다.

사람들 중에 나를 비롯하여 이중 성격을 가진 사람들이 많다. 면전에서는 고분고분 잘하는 척하고, 뒤로 돌아 가서는 온갖 비방과 욕설을 퍼부어 그 사람을 괴롭힌다.(面從後言) 그보다 더 야비한 짓이 없는데도 그런줄을 모르고 행한다.

세상 사람들이 나를 비방한다 하여 화를 낼 일이 아니다. 비방을 받을만한 잘못을 범했으면 곧 뉘우쳐 고쳐 행하고, 그 비방이 터무니 없는 것이면, 때가 되어 사라지기를 기다려야 한다. 그렇게 되면 비방한 사람이 되레 미안한 마음을 갖게 된다. 당신의 사람됨의 깊음이 알려지면 더욱 많은 사랑과 존경을 받을 것이다. 비방을 받았다 하여 그 괴로움을 직성으로 풀려하면, 인간관계는 더욱 나빠져서, 세상은 더욱 살기에 불편한 곳이 된다.

누가 욕한다 하여 속상해 하면 몸과 마음이 상해 몸에 병을 얻는다. 그러기를 계속하다간 마음에 화를 얻어 죽을 수도 있다. 욕이란 할 일 없는 사람들이 하는 짓이라 생각하여 너그럽게 받아드려야 한다. 그것이 곧 세상을 사는 지혜중의 지혜가 될 것이다.

영국 속담에 "비방하는 혀만큼 사람에게 중상을 입히는 칼은 없다."(No sword bites so fiercely as an evil tongue.)는 말이 있다. 비방은 남을 죽이는 살인 행위라 생각하고, 비방하고자 하는 마음이 생기면, 그 말이 목에서 입으로 넘어오기 전에 이를 삼켜버려야 한다. 일단 입안으로 넘어오면 입처럼 방정맞은 것도 없어서 말하지 않고서는 견딜 수가 없기 때문이다.

"이 말은 너와 나 사이에 죽을 때까지의 비밀로 하자."고 철통같은 다짐을 해도 아무 소용이 없다. 나쁜 소식은 수천 수만 개의 나래를 달고 공간을 초월하여 달리기 때문이다.(Ill news runs apace.)

사람이 사는 세상에 욕이나 비방이 없을 수가 없다. 세상에 허물없는 사람이 없고, 세상은 또 부족한 사람들이 모여 사는 곳이기 때문이다. 내가 비방을 듣는 것은 내가 살아 있기 때문이라 생각하면 속이 편하다. 욕은 오직 생자(生者)만이 들을 수 있는 것이고, 사자(死者)는 한 번 가면 말이 없다. 할 수만 있으면 비방 받을 일을 하지 않아야 한다. 비방을 칭찬으로 바꾸어 행하면 하는 사람도 기분이 좋고, 듣는 사람도 기분이 좋을 것이다. 일언 삼사(一言三思)라는 말이 있으니 말하기 전에 한 번쯤 생각해 보면 어떨까 한다.

누가 욕한다고 속상해 하지마라.
죽은 사람은 욕먹지 않는다.

21 고마웠던 기억만을 간직하라 괴로웠던 기억은 깨끗이 지워버려라

고마운 일만을 기억하라고 하지만 그렇게 하기가 쉽지 않다. 고마운 일은 잊혀지기 쉽지만, 괴로운 일은 되레 우리의 뇌리에 오래 남아 우리를 괴롭힌다. 괴로운 일에 오래 시달리면 마음이 상하고, 마음이 상하면 몸이 상한다.

그런데 세상일은 늘 즐겁거나 늘 괴로울 수만은 없다. 즐거움과 괴로움이 교차하여 이루어지는 것이 우리의 인생사다. 늘 즐거움 속에서 살기를 원하지만, 그렇게 되면 사람의 마음이 이완(弛緩)되어 몸까지 이완된다. 늘 괴로움 속에서 살게 되면 심신이 피로하여 세상을 살아 갈 힘을 잃는다. 즐거움과 괴로움이 서로 교차하는 가운데에서 사람은 단련되고 연마된다.

고락(苦樂)이 수없이 교차하는 가운데에서 살아야 사는 맛이 생기고, 괴로움이 지난 후에 맞는 즐거움이 얼마나 큰 것인가를 느끼게 된다. 모진 괴로움을 겪으며 산 사람들의 모습이 훨씬 더 아름답게 보이는 것을 알 수 있다.

괴로움을 깊이 경험하지 못한 사람은 깊은 즐거움의 맛을 모른다. 폭풍이 지난 후의 고요가 얼마나 좋으며, 늘 고요 속의 생활이 얼마나 따분하고 지루한 것인가를 알 수 있다. 고통을 통해서 이루어진 것이 아니면 무엇이든 사상 누각(沙上樓閣)처럼 힘없는 것이 된다.

인생은 고락이 상접하는 흐름 속에 떠내려가는 한 토막의 단순한 나무는 아니다. 그 흐름을 통해 인생의 숭고한 의미와 가치를 터득하는 것이 바로 인생이다.

인성(人性)이 아주 선하게 보이는, 어느 부부에게, "자네들은 평소 잘 싸우지 않고 살 것 같은데, 사실 그러느냐?"고 물은 적이 있다. "아니요, 잘은 안 싸우지만 가끔은 싸워요." "무슨 일로 싸우지?" "주로 애들 문제로요. 내가 성질이 그래서 그래요. 남편이 먼저 싸움을 일으키는 일은 거의 없어요. 이놈의 성질을 고쳐 보려고 해도 잘 고쳐지지 않아요. 타고난 성질이 그래서 그래요."

평생을 부부싸움 한 번도 하지 않고 산 사람들이 있다면 이들은 성자 성녀(聖者聖女)의 반열에 이른 사람들이다. 아무리 좋게 보이는 부부도 한 가정에서 살다 보면 서로 싸우기 마련이다. 그들은 서로 다른 생각과 개성을 가지고 있어서, 그것을 극복하며 살기가 어렵기 때문이다. 참는 일이 그렇게 어렵고, 무한히 참는 일은 더더욱 어렵다.

나도 가정 생활을 하면서 애들 문제뿐만 아니라 자질구레한 일로 싸우기도 한다. 싸우고 나서 서로의 어색한 감정을 아우르는데는 시간이 꽤 오래 걸린다. 그 시간이 때로는 괴로운 시간이 되기도 한다. 그러는 가운데 두 사람은 더 단련되고 더 깊이 이해하는 사이가 된다. 인생은 늘 기쁨으로 차있을 수도 없고, 그렇다 해서 늘 괴로움으로 차있을 수도 없다. 기쁨과 괴로움이 상접(相接)하는 가운데 가정은 더 튼튼하고 살기 좋은 곳이 된다.

우여 곡절(迂餘曲折)을 거듭하며 살았지만 큰 탈 없이 애들을 잘 기르며 살았다. 이제는 단 둘이 남아 살고 있으니 아내에게 고마운 생각이 든다. 그 사이에 괴로웠던 순간들이 어찌 없었겠는가마는, 그래도 인생 말년이 편안하니 대복이 아닐 수 없다. 괴로웠던 기억만을 늘 상기하며 살다간 건강이 여의(如意)치 않아 탈이 붙는다.

가정에서의 싸움 중에 가장 큰 원인은, 애들 문제, 이성에 얽힌 문제, 돈 문제 등등이다. 밖에 나가 눈을 잘못 두리번거리다가 아내에게 들키기라도 하면, 산다 못산다의 어려운 지경에 이른다. 내가 그런 적이 없이 살었던 것은 내 직업이 교육을 하는 직업이었기 때문이다. 밖에서 어느 여인과 같이 걷기라도 하다가 제자놈들의 눈총에 걸리기라도 하면, 그 다음 날은 강의실이 시끄러워 강의가 제대로 이루어지지 않을 것이다.

옛말에 세 뿌리를 조심하라고 하였다. 혀뿌리, 발뿌리, ○뿌리다. 혀뿌리를 잘못 내두르다가 설화(舌禍)를 입기 십상이고, 발뿌리를 잘못돌려 월담을 하다간 영어(囹圄)의 신세가 된다. 세뿌리로 인해 일어나는 괴로움은 이루 말할 수 없고, 잘못하다간 가정이 거덜난다. 이런 일이 없이 산 사람들은 세상을 잘 산 사람들이고, 별로 괴로워할 일도 없을 것이다.

돈 때문에 아내와 수없이 싸우고, 이 때문에 가정이 파탄지경에 이른 사람들도 있다. 사업에 실패하거나, 부질없이 도박이나 마약 같은 것에 손을 대었다가 그렇게 되는 수도 있다. 평소에 쓰임새가 방만하거나 주색에 빠져 그렇게 되는 수도 있다. 모두가 평소에 규모있는 생활을 하지 못한 때문일 것이다.

때로는 아이들 문제로 싸울 때도 있다. 점수 몇 점 차이로 기분이 오르내리고, 이웃집 애들과 비교하여 속이 상할 때도 있다. 지금 잘하지 못하면 영원히 잘못할 것처럼 생각하기가 쉽다. 하지만 그들 앞에는 6,70년의 장구한 세월이 있다. 그들을 아직 평가 할 때는 아니고, 그때가서 평가해야 옳은 평가가 된다. 그들이 어떤 가능성을 가지고 있고, 그 가능성이 그들을 어떻게 변화시킬지는 아무도 모른다. 지금은 어수룩해 보여도 언젠가는 그 광휘가 효성(曉星)처럼 빛날 때가 올 것이다.

괴로웠던 기억에 사로 잡히면 그 괴로움에서 헤어나지 못하고 죽는수도 있다. 괴로웠던 기억일수록 빨리 잊고 앞으로 살 일에 더 많은 힘을 쏟으라. 고마웠던 기억이 있으면 이를 들추어 올려 귀감삼아 살으라. 그러면 세상은 더 밝고 아름다운 세상이 되어 나타날 것이다.

과거의 어두운 생각에만 젖지 말고, 다음 찬송가의 가사를 생각하며 세상사는 방법을 바꾸어 보라.

오늘 세상에서 선한 일 했나
(Have I done any good?)

오늘 세상에서 선한 일 했나
궁핍한 사람 도왔나
슬픈 사람들을 즐겁게 해줬나
우리 실수하지 말고
남의 짐을 즐겨 짊어집시다
병들고 약한 사람을 도와 주고
사랑으로 위로하세 하나님의 자녀되도록

≪후렴≫

깨어나 일해 봅시다
말로서만 하지 말고
선행은 한량없이 기쁘고
사랑과 큰 의무의 축복일세(Will L. Thompson)

2절도 있지만 지면 관계로 생략한다. 사람의 생각을 바꾸면 괴로웠던 생각들이 하나 둘 사라지고, 고마웠던 생각들이 바꾸어 나타날 것이다. 슬프고 괴로웠던 생각에 매이지 말고, 늘 고마웠던 기억만을 생각하며 살면 더욱 많은 축복을 받아 살게 될 것이다.

고마웠던 기억만을 간직하라.
괴로웠던 기억은 깨끗이 지워버려라.

22 즐거운 마음으로 잠을 자라 잠속에서 축복이 열매를 맺는다

잠을 사랑하면 안된다는 말이 있다. 잠을 필요 이상으로 자면 건강에도 해롭고, 하는 일도 잘 안된다 하여 하는 말이다. 너무 많은 잠을 자면 나태를 즐기게 되어 종래에는 곤비(困憊)하게 살 수 밖에 없을 것이다.

세상에는 잠이 모자라서 힘들어하는 사람이 있는가 하면, 잠을 이루지 못하여 고생하는 사람들도 있다. 그러다가 불면증에라도 걸리면 심히 시달리며 산다. 왜냐하면 불면증은 '살아서 죽음의 상태를 경험'하는 병이라 할만큼 무서운 병이기 때문이다.

신은 우리에게 적당한 수면을 주어 세상의 온갖 시름과 번뇌에서 벗어나도록 하고 있지만, 그러지 못하고 불면의 사슬에 매이면 오래 시달린다. 잠 못 이루는 밤이 오래 계속되면, 종래에는 건강을 잃어 죽는 수도 있다.

옛말에 전전 반측(轉轉反側)이라는 말이 있다. 오지 못할 사람을 그리워하여 밤새도록 엎치락 뒤치락하며 잠을 이루지 못함을 이르는 말이다. 임을 그리워하며 이루지 못하는 잠은 되레 아름답고 낭만적인 밤이 될 수도 있어서, 이런 불면은 차라리 한 번쯤 경험해보고 싶은 생각도 든다.

이 은상(李殷相)선생의 다음 시는 음미할수록 은은하여, 그 분위기가 너무 좋다. 밤들자 관음전에/ 구슬픈 예불소리/ 그

소리 끊인 뒤엔/ 중도 부처도 잠이 들고/ 깊은 밤 나와 달과 산 접동/ 셋이 잠을 못든다. 분위기가 심미적이고 조용하여 한번 젖어보고 싶은 충동이 인다.

예부터 베개가 높으면 단명하다(高枕短命)는 말이 있다. 베개가 높으면 등뼈가 굽고, 등뼈가 굽으면 몸의 지주가 굽는 것이 되어 몸이 균형을 잃는 수도 있다. 팔을 베고 잠을 자도 좋으니(曲肱而枕之) 차라리 베개는 높지 않는 것이 좋다하여 하는 말일 것이다.

사람들에게 밤처럼 좋은 시간은 없다. 고단한 사람들에겐 휴식을 주고, 후대를 생산하는 젊은이들에겐 사랑의 시간이 되고, 사랑의 밀어들이 수없이 쏟아져 나와, 밤을 아름답게 수놓는 시간이 된다. 눕기만 하면 잠에 떨어지는 젊은이들에겐 한없이 좋은 휴식의 시간이 된다.

유독 노인들만이 잠과 씨름하며 살아야 하고, 때로는 밤을 맞기가 두렵기도 한다. 열심히 일한 사람에게는 밤처럼 좋은 시간이 없지만, 무위 도식(無爲徒食)과 취생 몽사(醉生夢死)를 일삼는 사람들에겐, 밤이 밤 같지 않고 낮 또한 낮 같지가 않다. 24시간을 밤 낮 구별없이 살라고 하면 그보다 더 고통스러운 일도 없을 것이다.

뭐니 뭐니 해도 가정에서 제일 좋은 사람은 아내다. 잠자리의 유일한 벗이 아내요 서로 믿고 의지하며 사는 사람이 아내다.

부부 유별(夫婦有別)이라는 말이 있다. 남편과 아내는 별개의 독립된 인격체이니 서로를 존중하며 살라는 뜻이다. 아내는 나를 위해서 들어온 사람이니, 함부로 해도 된다는 생각을 해서는 안되고, 나에게 종속된 사람으로 생각해서도 안된다. 그렇게 되면 부부 유별의 의(義)는 깨지고 가정은 무너진다.

아무리 금슬이 좋은 부부라도 가끔은 싸운다. 어쩌다가 싸우는 싸움도 푸는 데는 시간이 꽤 오래 걸린다. 어떤 때는 며칠이 걸리고, 길면 보름, 더 길면 한 달이 걸리기도 한다. 그 시간보다 더 괴로운 시간은 없다. 그렇게 되면 쇠덩어리 같이 단단한 몸도 절단나지 않을 수가 없다.

그날 일어난 잘못은 그날 해가 지기 전에 푸는 것이 좋다. 아무리 늦어도 잠자리에 들기 전에는 꼭 풀고 잠자리에 들어야 한다. 그렇지 못하면 그 밤은 길고 괴로운 밤이 된다. 노래의 가사처럼 "이 밤이 너무 너무 추워요."가 되면 안된다. 그런 밤이 오래 계속되면 스트레스에 눌려 심신이 피곤해진다. 잘 살려고 만난 사람들이 잘 살지 못하고 싸우기를 일삼으면, 건강을 잃어 오래 살지 못하고 간다.

그래서 이 글의 제목처럼 즐거운 마음으로 밤을 맞이하고, 편안하게 잠을 자라는 소이(所以)도 여기에 있다. 특히 노년에는 부부간에 서로 믿고 의지하며 잘 살아야 한다. 젊었을 때는 스트레스가 와도 힘으로 이겨내지만, 노년에는 그럴 힘이 없어 마음으로 시달리다 간다. 말년 건강에 스트레스보다 더 무서운 것이 없다. 서로에게 스트레스를 주지 않도록 해야 한다. 두 사람의 인연에 감사하고, 서로 양보하고, 이해하면서 살아야 한다.

소중한 것은 잃고 나면 꼭 후회하게 된다. 조금만 더 참았더라면 하는 후회를 하지만, 후회는 이미 늦은 것을 느낀다. 잠자기 전에 하루가 무사했던 것에 감사하고, 다음 날 아침에 일찍 일어나 오늘은 더 좋은 날이 되도록 기원해야 한다.

어느 한의학 박사가 T.V.에 나와 이런 강의를 했다. '수화 교제(水火交際)의 불능'이 스트레스의 원인이라고 했다. 무슨 말인지를 몰라 예의 주의를 하여 들어보니 내가 이미 쓴 글과 같은 내용의 것이었다. 그러나 다시 반복하니 양해하기 바란다.

사람의 몸은 상(上) 중(中) 하(下)로 구분된다. 상(上)은 심장의 위쪽으로, 온도가 높아 화(火)로 표현하고, 아래 부위인 발은 온도가 낮아 수(水)로 표현한다. 걷기운동을 계속하면 아래의 물(水)의 온도는 위로 올라가(水昇), 심장의 온도를 밑으로 밀어 내린다.(火降) 그러면 상하 온도의 순환이 이루어져서 온도의 균형이 이루어진다. 그 분은 이런 것을 일러 수화 교제라고 했다. 운동을 많이 하여 수화 교제가 잘 이루어지면 건강이 잘 유지된다는 그런 내용의 강의였다.

그린데 밖으로부터 오는 스트레스가 너무 심하면, 심장의 화(火)가 위로 올라가 뇌를 때리고, 발의 온도가 더 낮아져서 차갑게 되면, 수화 교제가 잘 이루어지지 않아 건강은 나빠진다. 이런 현상을 수화 교제의 불능이라고 했다.

부부간에도 불화가 심하면 수화 교제의 불능과 같은 현상이 일어난다. 이런 일이 일어나면 잠자리에 들기가 무섭고 부부간은 점점 더 힘든 사이가 된다. 그러니 잠들기 전에 그런 불화를 풀고, 편안한 마음으로 잠을 자야 한다. 그래야 다음 날 아침을 활기차게 맞이할 수 있다.

낮에는 땀흘려 일하고 밤에 충분한 휴식을 취해야 그 다음 날은 활기찬 하루가 된다. 아무리 잠이 좋다고 해도 필요 이상의 잠은 절대로 간강에 해롭다.

경전에 이르기를, "게으르기를 그치라. 부정하기를 그치라. 서로 결점 찾기를 그치라. 필요 이상으로 오래 잠자기를 그치라. 일찍 잠자리에 들어 피곤하지 않게 하고, 일찍 일어나 너의 몸과 마음이 활기있게 하라."라고 하였다.

어제 시달렸던 악한 마음을 다 잊고 오늘은 선한 마음으로 하루를 시작하라. 잠은 하늘이 우리에게 준 건강의 치료제요, 근심과 고통을 경감시키는 완화제다.

잠이 좋은 것은 꿈이 있기 때문이다. 꿈 속에서 님도 만날 수 있고 돌아가신 분들도 만날 수 있다. 때로는 악몽에 시달리기도 하지만, 오랫동안 만나지 못한 분들을 만나는 기쁨을 잠에서 얻는다.

어떤 사람은 잠은 의식이 없이 이루어지는 것이라 하여, "잠은 죽음이다. 잠은 짧은 죽음이요, 죽음은 긴 잠이다."라고 했다. 또 어떤 사람은 "잠은 생명을 유지하기 위하여 죽음으로부터 잠시 빌려온 것이다."라고도 했다.

열심히 일한 자에게는 불면증 같은 것은 없다고 한다. 불면증이 있어 이를 고치고자 하면 시험 삼아 그렇게 해보라. 그러면 일의 특효성에 놀랄 것이다.

잠을 자되 필요 이상의 잠을 잘 것이 아니요, 적당한 수면으로 건강을 유지할 수 있어야 한다. 즐겁지 못한 마음으로 잠자리에 들면 지옥의 사슬에 매이는 것이 된다. 하루 동안의 피로와 근심을 다 풀고 즐거운 마음으로 잠자리에 들면 그 보다 더한 축복의 열매는 없을 것이다.

즐거운 마음으로 잠을 자라.
잠속에서 축복이 열매를 맺는다.

23 지혜로운 사람과 어울려라 바보와 어울리면 어느새 바보가 된다

현자(賢者)와 우자(愚者)를 구별해서 정의하기가 어렵다. 현자라고 하는 사람들도 바보 같은 짓을 할 때가 많기 때문이다. 나도 때로는 바보 같은 짓을 해서 수모를 당할 때가 더러 있다. 특히 요즘에는 분별력이 약하고 사리 판단이 흐려져서 더욱 그렇다. 꼭 옳은 말만을 하기가 어렵고, 때로는 엉뚱한 말을 해서 주변을 어렵게 만들 때가 더러 있다. 아주 높은 경지에 이른 사람이면 몰라도 현자의 자리를 계속 지켜가기가 어렵다.

나는 물건을 살 때 물건 값을 깎는 일이 거의 없다. 달라는 대로 다 주고 사왔다가 식구들로부터 가끔 바보 취급을 당한다. 특히, 재래시장 같은 데서는 나처럼 어수룩하게 보이는 사람에겐 부르는 것이 값이다. 내가 잘못한 것인지, 아니면 저 사람들이 잘못한 것인지는 알 길이 없다.

사람이 박식하다 하여 현자인 것은 아니다. 박식한 사람들 중에 바보 노릇을 하는 자도 많다. 그래서 "늘 현명한 사람은 없다."는 말이 나오기까지 했다. 주색잡기와 마약이 망가(亡家)의 원인인 줄 알면서도 그런 짓을 일삼다가 말년에 쪽박을 차는 경우가 많다. 담배가 해롭다는 말을 그지없이 많이 들으면서도 이를 버리지 못하고 행하다가 몸을 망치는 경우도 허다하다. 이런 일은 결코 현자의 노릇이 아니다. 시장에서 불량 상품이 많이 팔리는 것은 나처럼 어수룩한 바보가 많기 때문이다.

나이를 많이 먹을수록 현명해진다고 한다. 하지만 나 같은 사람에게는 전혀 어울리지 않는 말이다. 내가 지금까지 저지른 바보짓을 일일이 매거(枚擧)하기가 어렵지만, 이것들을 지상 공개라도 하게 되면 나의 저속성에 놀랄 것이다. 고희(古稀)에 이르렀는데도 지금도 어리석기 그지없는 생각을 할 때가 많고, 그런 생각에 스스로 얼굴을 붉힐 때가 더러 있다.

"지혜로운 자는 귀가 길고 혀가 짧다."는 말이 있다. 지혜로운 사람은 말을 많이 듣고 적게 말한다는 뜻이지만 그렇게 하지 못하며 산다. 며칠 전에도 점심을 초대받은 적이 있다. 모처럼만에 몇이 만난 탓인지 이야기 보따리가 터져 나왔다. 요즘처럼 장사가 안 되는 불경기에, 에어컨까지 틀어 놓고 오랜 시간을 그렇게 했으니, 치행(癡行) 중에서도 대치행(大癡行)을 범한 것이다. 좋은 이야기는 하지 않고 남을 흉보는 일을 서슴없이 장시간 행했으니 낯 뜨겁기 그지없는 일이다.

요즘에는 그걸 갚으러 가끔 그 식당을 찾기도 한다. 식당 아주머니도 그 때 입었던 손해를 이제야 받는가 할 것이다. 그 때 참고 대해주었던 것에서 적은 기쁨을 느끼는지도 모른다.

"어리석은 자는 스스로 화(禍)를 일으킨다."는 말이 있다. 화를 일으키고 난 후에야 후회를 하니 이보다 더 어리석은 짓은 없다. 분별없이 앞뒤를 가리지 않고 떠드는 사람보다 더 어리석은 자는 없다. 바보는 떠들지만 현자는 그냥 잠자코 침묵을 지켜 현자로서의 고절(高節)을 지킨다.

바보 이야기가 나왔으니 옛날 중국 고사를 하나 인용하겠다.

옛날 중국 초(楚)나라에 나처럼 미련한 사람이 살고 있었다. 그가 배를 타고 강을 건너다가 잘못하여, 가지고 있었던 칼을 강물에 빠뜨리고 말았다. 하지만 그 사람은 조금도 당황하지 않고, 뱃전에다 칼을 빠뜨린 곳의 표를 해두어 그 칼을 찾으려 했다. 그러나 배가 움직이는 바람에 끝내는 칼을 찾을 수가 없었다. 배가 움직이는데 뱃전에 표를 하여둔들 무슨 소용이 있었겠는가. 그래서 변화에 적응하지 못하는 완고한 바보를 일러 각주(刻舟:배에 표를 새김)라고 일컫게 되었다. 우리 모두가 각주에 해당되는 바보인 것 같아 잠시 이 고사를 인용했다.

아무리 바보의 말이라도 때와 장소에 들어 맞으면 현자의 말이 되고, 때와 장소에 맞게 말을 하면, 바보라는 말은 결코 듣지 않게 될 것이다.

옛날에 읽었던 이솝 우화를 하나 소개하겠다.

"나귀 한 마리가 목장에서 풀을 뜯고 있었다. 나귀를 바라보고 있었던 이리가 나귀를 잡아 먹되, 되도록 가까이 가서 틈을 보아 물어 죽이는 것이 안전할 것이라 생각했다. 그래서 이리는 이야기라도 하려는 듯 나귀 곁으로 다가 갔다. 나귀는 이리가 가까이 오는 것을 보고 얼른 꾀를 내어 한 쪽 다리를 절룩거리며 괴로운 표정을 지었다. 그러고는 이리를 향해 다리에 가시가 박혀 있으니, 이 가시를 빼내고 먹어야 찔리지 않을 것이라 했다. 이리는 이 말을 듣고 나귀의 말이 옳다고 생각했다. 이왕 먹을 바에는 가시를 빼고 먹어야 안전할 것이기 때문이다. 이리가 나귀의 오른 쪽 발을 눈 앞에 갖다 대고 가시를 찾고 있었다. 이 때 나귀는 있는 힘을 다 해 내민 발로 이리의 주둥이를 냅다 찼다. 이빨이 부서질 것 같이 차인 이리는 그만 뒤로 나둥그러졌다. 이 틈을 타서 나귀는 껑충껑충 뛰어 달아나 버렸다."

나귀의 지혜가 전광 석화(電光石火)처럼 번득이는 이야기다.

이솝의 우화는 언제 읽어도 재미가 있다. 지혜로운 사람과 어울리라고 하지만 그런 사람을 만나기가 쉽지 않다. 스스로 지혜를 개발하여 생활함이 좋을 듯 하다.

성경에 나타난 지혜의 몇 구절을 인용코자 한다. 성경 속에는 지혜의 샘이 넘쳐흘러 우리로 하여금 바르고 의롭게 살아가게 한다.

1. 지혜보다 더 소중한 것이 없으니 지혜를 배우라.

2. 지혜를 얻는 것은 재물을 얻는 것보다 낫다.

3. 지혜를 얻는 것은 루비를 얻는 것보다도 낫다.

4. 뱀과 같이 지혜롭고 비둘기 같이 순결하라.

5. 지혜를 얻는 자와 명철을 얻는 자는 복이 있나니, 이는 지혜를 얻는 것이 금을 얻는 것 보다 낫고, 그 이익이 정금(精金)보다 나음이니라.

6. 지혜는 진주보다도 귀하니 너의 사모하는 모든 것이 이에 비교할 바가 아니다.

7. 깊도다 하나님의 지혜와 지식의 부요(富饒)함이여, 그의 판단은 측량치 못할 것이며 그의 길은 깊어 찾지 못할 것이로다.

지혜는 사용하면 할수록 더 많이 솟아 나온다. 지혜는 맑은 샘물과도 같아서 마시면 마실수록 점점 더 많이 솟아 나오고, 사용하면 할수록 힘이 세져서 더 많이 솟구쳐 나온다.

다음과 같이 처신하는 자는 바보에 가까우니 그들과 어울리면 그들과 같은 사람이 된다.

1. 자기를 현명하다고 자찬하는 자.

2. 자기의 혀를 억제하지 못하고 함부로 지껄이는 자.

3. 남이 행하는 대로 따라 행하는 자.

4. 무엇을 해야 하고 무엇을 피해야 할지를 모르는 자.

5. 분별력이 약해 말을 함부로 하고 일을 무모하게 처리하는 자.

6. 말해야 할 것을 말할 용기가 없어 말하지 못하는 자.

7. 부도덕하여 세상을 악하게 사는 자.

8. 사리 판단이 약해 다른 사람들이 반편이라고 부르는 자.

써놓고 보니 나도 이중에 드는 사람이다. 유식한 사람 중에 바보가 많고, 유식한 바보는 무식한 바보보다 훨씬 더 모자라는 바보다. 이들과 사귀기를 계속하다간 자기도 모르는 사이에 이들과 같은 바보가 된다.

옛말에 먹에 가까이 하면 먹이 묻기가 쉽고(近墨者黑), 붉은 것에 가까이 하면 붉은 것이 묻기가 쉽다(近朱自赤)는 말이 있다. 바보와 가까이 하면 필연 바보가 될 것이고 현자와 가까이 하면 현자가 된다. 도벽이 있는 자와 같이 어울리면 나도 도적질하는 자가 되고, 마약하는 자와 어울리면 나도 은연중에 마약하는 자가 된다.

"둠벙 망신은 미꾸라지가 시킨다."는 말이 있다. 바보는 언제나 옆 사람을 망신시키는 사람이니 경계하여 사귐이 좋다. 사람이 잘난 체 하는 것보다 더 못난 짓이 없다. 스스로 낮추어 사는 것이 곧 스스로를 높이는 것이 된다. 잘난 체 하다가 망신을 당하는 수가 많으니 조심할 일이다. 사람을 사귀되 지혜로운 사람들을 골라 사귀면 그들로부터 세상 사는 지혜를 많이 얻어 살게 될 것이다.

지혜로운 사람과 어울려라.
바보와 어울리면 어느새 바보가 된다.

24 작은 것에 크게 기뻐하라 기쁜 일이 늘어난다

언젠가 손자놈으로부터 전화가 걸려왔다. 우리 집의 가훈이 뭣이냐는 것이었다. 왜 그러느냐고 물었더니 학교에서 담임선생님이 가훈을 적어 오라는 것이라고 했다. 아빠에게 물어봐도 모른다고 하고, 엄마에게 물어봐도 모른다고 했다. 그래서 할아버지에게 물어보는 것이라고 했다.

"할아버지 도대체 우리집에 가훈이 있는 거예요?" 사실 가훈이 없었다. 그간 가훈 없이 아들 손자를 잘 키우고 며느리까지 들여와 잘 살고 있다. 가뜩이나 언짢아하는 손자놈에게 가장으로서 체면이 서지 않을 것 같아, 하는 수없이 급조(急造)하여 내 놓을 수밖에 없었다.

사실상 가훈 없이 키우기는 했어도, 마음은 늘 "바르고 성실하게" 살기를 기원하며 살았다. 그래서 그 생각대로 "바르고 성실하게 살자"가 우리집 가훈이라고 했다. "무슨 뜻인지 이해하겠느냐?"라고 했더니 이해한다고 했다. 마음에 드느냐고 했더니 참 좋다고 했다. "그러면 됐다. 전화 끊는다."라고 했더니 "할아버지 한 가지만 더 물어볼 것이 있는데요." "그래? 그게 뭔데?"

"독도가 우리 나라 땅으로 알고 있는데! 일본 사람들은 자기네 땅이라고 해요. 속상해 죽겠어요. 할아버지 생각은 어때요?

어떻게 하면 좋아요?" "글쎄다." "이렇게 하면 안될까요?" "어떻게?" "이순신 장군이 거북선을 만들었던 것처럼, 우리도 거북선을 만들어 일본으로 끌고 가서, '돌격하라' '돌격하라' 하면 안될까요?" "안될 것 같은데." "왜요?" "만약 그렇게 해서 일본과 우리 나라 사이에 전쟁이 벌어지면 많은 사람들이 죽게 되고, 또 그 전쟁에서 일본이 이기게 되면, 일본이 독도를 빼앗아 갈 것 같은데," "정말 그러네요. 그러면 어떻게 하면 좋아요?"

"우리 국민 모두가 한 사람도 빠짐 없이, 독도가 우리나라 땅이라는 것을 인정해야 하고, 그것을 세계 만방에 알려야 한다. 다른 할 일도 많지만 우선 그 일부터 해야 한다. 나머지 큰 일은 정부에서 하게 될거야." "할아버지 말씀이 옳은 것 같아요. 알았어요." 이렇게 해서 손자놈과의 긴 대화가 끝났다.

손자와의 대화가 끝난 후 잠시 깊은 상념에 젖었다. 옛말에 지록 위마(指鹿爲馬)라는 말이 있다. 사슴을 가리키며 저것은 사슴이 아니고 말이라는 뜻이다. 남의 손에 있는 것이 욕심이 난다하여 그것을 빼앗아 자기의 것으로 만들어서는 안된다.

저쪽 섬나라 사람들은 그들의 순진한 후대들에게 사슴을 말이라고 가르칠 수 있는 모양이다. 독도를 독도라고 가르쳐야지 독도를 독도가 아닌 다른 것으로 가르쳐서야 되겠는가. 어린 후대들에게 진실을 가르쳐야지 진실을 왜곡되게 가르쳐서야 되겠는가. 진실을 진실이라고 가르칠 때, 후대의 미래는 밝고 그들의 앞날에 희망과 기대가 클 것이다.

지금껏 가훈 없이 키웠던 것에 저윽히 미안한 생각이 든다. 어린 것들의 일이라 하여 소홀히 했던 것에 큰 자괴감(自愧感)을 느낀다. 다행이도 생각이 빨리 떠올랐으니까 망정이지, 그렇지 않았더라면 할아버지로서의 체면이 말이 아닐 뻔 했다.

가훈을 급조하여 가훈이라고 했던 것에 부끄러운 마음이 들고, 두고두고 이 부끄러움은 잊혀지지 않을 것 같다. 일본 사람들도 지금은 모를 일이라 생각하는지 모르지만, 언젠가는 그것이 들통이 나는 날에는 나라의 체면과 신뢰가 땅에 떨어지는 수모를 겪을 날이 올는지도 모른다.

작은 것이라 하여 소홀히 할 일이 아니다. 작은 것을 소홀히 하다간 큰 것을 잃는다. 태산도 티끌이 모아 이루어지고, 작은 물방울이 모여 강물이 되고, 강물이 모여 대해(大海)를 이룬다. 십시(十匙)가 모여 일반(一飯)이 되고, 그 일반이 배고픈 사람을 구한다. 천리 길도 한 걸음부터 시작되고, 한 걸음을 잘못 디뎠다간 나머지 길이 모두 잘못된다.

옛말에 보보 등고(步步登高)라는 말이 있다. 걸음에 걸음을 더하여 높은 정상에 이른다는 뜻이다. 한 걸음 한 걸음에 힘을 모아 오르고, 한 걸음을 잘못 디뎠다간 천 길, 만 길의 단애(斷涯)에 떨어진다.

한 표가 모여 여러 표가 되고, 한 표가 모자라 선거에 지는 수도 있다. 한 표를 더 얻지 못한 아쉬움보다 더 큰 아쉬움은 없을 것이다. 한 사람을 더 만나지 못한 아쉬움이 크고, 조금만 더 열심히 했더라면 하는 아쉬움이 클 것이다.

밥알 한 톨이라 하여 소홀히 할 일이 결코 아니다. 한 톨의 밥알 속에는 농부의 피와 땀이 서려 있기 때문이다. 피아노 건반을 또박또박 두드리던 고사리 손이, 드디어는 신곡(神曲)의 화음으로 세계의 안방을 두들긴다. 환희는 수많은 고뇌를 넘어서 오고, 행복은 괴로움의 골짜기를 수없이 넘어야 온다.

작은 씨앗에서 수십 척의 거목(巨木)이 자라나고, 수많은 잎사귀며 수많은 과일들이 열릴 것이라고는 아무도 생각하지 못한다. 현미경에나 겨우 잡히는 미세한 인자(因子)속에서 육척 장구의 거인이 태어나고, 이목 구비(耳目口鼻)의 인자며, 책을 쓰는 두뇌의 인자며, 예술 작품을 다듬는 손의 인자며, 위대한 강론으로 사람들의 마음을 사로잡는 인자들이 들어 있으라고는 아무도 생각하지 못한다.

모진 풍상우(風霜雨)에 시달리고, 많은 질병과 싸우며 장구한 세월을 굽히지 않고 성장해서, 큰 아름드리의 거목(巨木)이 되고, 나처럼 큰 육척 장구의 사람이 된다.

일이 쉽게 풀리면 뜻이 경솔해지고, 뜻이 경솔해지면 일을 성취하려는 서원(誓願)이 굳건해지지 못한다. 하루를 잘못 살면 하루를 잘못 소모헤버린 것이 된다. 작은 것이라 하여 소홀히 해서는 안되고, 작은 것을 통해서 큰 것을 이루는 것이 이소 성대(以小成大)의 원리다. 인사말 한 마디가 이웃의 마음을 기쁘게 하고, 친절한 말 한 마디가 상대방의 마음을 기쁘게 한다.

사람 몸의 미세한 세포도 사랑을 받지 못하면 반란을 일으킨다. 일상 생활속에 세포를 학대하는 일은 부단하게 일어난다. 몸속에서도 일어나고 몸 밖에서도 일어난다. 독성이 있는 것을 계속해서 취하면 몸속의 세포들이 반란을 일으키고, 피부 역시 과도하게 햇빛에 노출되면 세포가 반란을 일으켜 피부암을 유발하기도 한다.

날마다 조금씩 선행하기를 실천할 때 대선(大善)을 이루는 사람이 된다. 악 또한 작은 것이라 하여 소홀히 하면, 종래에는 대악(大惡)이 되어 세상을 놀라게 하는 대죄(大罪)가 된다.

나무나 곡식 같은 것도 성장 조건을 맞춰주면 잘 자라 큰 것이 되지만, 그렇지 못하면 도중에 고사(枯死)하는 불행을 겪는다. 물을 적당히 주고, 벌레를 잡아주고, 채광에 힘쓰고, 전정(剪定)에 힘쓰면 잘 자라 우리에게 시원한 그늘과 좋은 열매를 제공한다.

사람도 하루 아침에 큰 사람이 되어 세상을 빛내는 것이 아니다. 각고 면려(刻苦勉勵)의 부단한 노력이 없이는 결코 그렇게 되지 못한다.

사소 취대(捨小取大)라는 말이 있다. 작은 것을 버려야 큰 것을 이룰 수 있다는 말이다. 작은 것이 좋다하여 무조건 좋은 것은 아니다. 경우에 따라서는 작은 것을 버릴 줄 알아야 한다. 남녀가 배우자를 고를 때에 작은 결점에 집착하다간 다른 큰 장점들을 보지 못하고 놓치는 경우가 많다. 큰 사업가나 다른 대사(大事)를 꿈꾸는 사람이, 작은 장애물에 걸려 그 일을 그르치는 경우가 너무 많다.

나쁜 일일수록 크게 부풀려 이야기하는 세상에서 살고 있다. 바늘을 큰 막대기로 부풀려 이야기하면 이런 것을 일러 침소봉대(針小棒大)라고 한다. 침소 봉대의 습관보다 더 나쁜 습관은 없다.

작은 것이라 하여 소홀히 할 것이 아니요, 작은 일을 기쁘게 받아들여 하나하나에 힘을 써서 잘 이루어 낼 때, 거기서 느끼는 성취감 또한 클 것이다.

작은 것에 크게 기뻐하라.
기쁜 일이 늘어난다.

25 내가 가지고 떠날 것은 없다 무엇을 남기고 갈 것인가를 생각하라

친구로부터 비문(碑文)을 써 달라는 요청이 들어왔다. 그 지방의 주민들이 그의 공적을 높이 기리어 비를 세워준다고 했다. 초안을 읽어보니 별로 손댈 곳이 없이 잘 쓴 글이었다. 찬자(撰者)의 체면도 있고 하여 몇 군데 손을 댔다. 그 중의 하나가 '공수래 공수거'(空手來空手去)라는 말이다.

제막식 날 축사까지 해 달라고 해서 그곳으로 내려가 축사를 했다. 축사를 하기 전에 시간 여유가 좀 있어서 비에 새겨진 비문을 다시 읽어 보았다. '공수래 공수거'라는 글귀를 나는 빼어버렸는데 그 글귀가 다시 들어와 새겨져 있었다.

이 친구는 '공수래 공수거'라는 말을 그의 인생 철학으로 생각하고 있었던 것 같다. 나는 없애버렸는데 그 친구는 다시 살려 집어 넣었으니 말이다. 그 뜻을 글자 그대로 해석하면, 빈 손으로 왔다가 빈 손으로 간다는 뜻이다. 맞는 말이다. 죽는 사람이 가져갈 것이 뭣이 있겠는가. 그냥 빈 손으로 왔듯이 빈 손으로 가는 것이 인생이다. 고루 거각(高樓巨閣)도 아무 소용이 없고, 부귀 영화나 명예도 다 뒤로 남겨 놓고 간다. 쓰던 재물이나 돈이 있으면 남겨놓을 것이 아니요, 써야 할 곳에 다 쓰고 가라는 뜻이다. 남겨놓은 것이 많으면 자식놈들 간에 혈투가 벌어져 형우 제공(兄友弟恭)의 의(義)가 무너진다.

그러나 사전에 의하면, '공수래 공수거'라는 말은, "세상에 왔다가 헛되이 죽는 것"을 말한다고 씌여 있다. 무위 도식(無爲徒食)으로 세월을 헛되이 축내며 사는 것을 말한다. 이 친구는 세상에 와서 많은 일을 하였으니 많은 업적을 쌓고 가는 사람이다. 헛되이 죽는 것이 아니고, 다른 사람들이 부러워할 정도의 많은 일을 했다. 내가 일찍이 접해보지 못한 양(量)의 많은 일을 했다. 그렇게 많은 일을 어찌 헛된 것이라 할 수 있겠는가. 가기는 빈 손으로 가되 많은 일을 남기고 가니 이 세상에 온 보람이 크다.

이 글의 제목처럼 내가 가지고 갈 것은 하나도 없다. 많은 것을 남기고 가면 그보다 더 잘 산 삶은 없을 것이다. 지금까지 많은 글을 썼으니 나도 좀 피곤해졌다. 시조 한 수 읊으면서 잠시 쉬어가면 어떨까 한다.

산은 옛 산이로되 물은 옛물이 아니로다
주야에 흐르니 옛물이 있을소냐
인걸도 물과 같도다 가고 아니 오노매라(黃眞伊)

훌륭한 인물(인걸)만이 그러는 것이 아니고 우리 인생 모두는 한번 가면 다시 오지 못한다. 산천은 예나 지금이나 다름없이 보이지만, 우주 만상에 변하지 않는 것은 아무 것도 없다. 제행(諸行)이 무상(無常)한데 산천인들 어찌 유상(有常)하겠는가.

인생은 즐거움만 계속되는 핑크색 로드의 인생 여정(人生旅程)이 아니다. 빛과 그늘이 교차하는 변화 무쌍한 도정(道程)이다. 불행이 싫다하여 불행이 안 오는 것은 아니다. 행복이 오기를 학수 고대(鶴首苦待)한다 하여 행복이 오는 것도 아니다.

불행이 오면 꼭 머물만큼 머물다 가려 하고, 어지간해서는 자리를 내놓고 물러나지를 않는다. 불행의 조건이 제거되지 않으면 한없이 머물러 있으려 한다. 불행이 언제 끝나는지는 아무도 모른다. 칠흑 같은 암야(暗夜) 속에 한 치의 앞도 보지 못하고 허덕일 때도 있다.

사람들은 장미의 화로(花路)가 늘 열려 있기를 바라지만 이 세상에 그런 길은 없다. 파란 곡절과 형극(荊棘)의 길을 수없이 지나는 가운데, 장미의 화로는 어쩌다 트여오는 것이다.

인생이란 기쁨도 아니고 슬픔도 아니다. 기쁨과 슬픔이 어우러져 파악되는 것이 인생 도정이다. 큰 기쁨이 왔을 때 경계해야 할 일은, 큰 기쁨 뒤에는 큰 슬픔이 도사리고 있는 점이다. 큰 슬픔에 빠져있을 때, 기쁨을 저버려서는 안된다. 슬픔 뒤에는 기쁨이 올 채비를 하고 있기 때문이다.

아무리 어려움에 처해 있다 해도, 자기가 할 일이 무엇인지를 알고 있는 자는 행복하고, 아무리 풍상우(風霜雨)에 시달리며 살아도, 자기가 하는 일에 신념을 가지고 사는 자는 행복하다.

인생의 길은 선을 향해 끊임없이 전진하는 길이다. "마음을 바르게 먹으면 죽어도 옳은 귀신이 된다"는 말이 있다. 언제나 착한 마음씨를 가지고 살면 죽어도 여한이 없고, 당당하게 죽을 수 있을 것이다. 세상에 악보다 물들기 쉬운 것은 없다. 처음에는 아주 작은 것으로 시작되지만, 빠른 속도로 자기 몸을 물들여 침식해 들어간다. 선한 마음으로 살기를 힘쓰면, 세상은 선한 곳이 되어 살기 좋은 곳이 될 것이다.

인생의 길에는 험산도 있고, 단애(斷崖)도 있고, 넘기 어려운 파도도 있다. 햇빛 화사한 평탄한 길만이 있는 것은 아니다. 풍파는 전진하는 자의 좋은 벗이다. 차라리 고난 속에 인생의 기쁨이 있다 할 것이다.

행복이란 우리 가정의 노변(爐邊)에서 피어나는 꽃이다. 온 가족이 노변에 둘러 앉아 오순도순 이야기할 때 행복의 꽃은 핀다. 그 화로에 불이 식으면 가정은 동토(凍土)처럼 식어 싸늘한 곳이 된다. 그렇게 되면 이 세상에 가정보다 더 살기 힘든 곳도 없을 것이다. 가정에서 느끼는 행복보다 더 큰 행복은 없고, 가정보다 더 좋고 아름다운 곳은 없을 것이다.

이 세상을 떠날 때 무엇을 남기려고 하거든 먼저 좋은 가정을 남기고 가야 한다. 부모가 자식을 사랑하고, 자식이 부모를 공경하는 가정이 되어야 하고, 남편과 아내가 서로 사랑하고, 형제간에 우애하는 가정이 되어야 한다.

강단에서 좋은 스승이 되고자 하면 먼저 좋은 가정이 있어야 하고, 좋은 노래를 불러 사람들을 기쁘게 하려 해도 먼저 좋은 가정이 있어야 한다. 건축가가 좋은 집을 지을려고 하고, 위정자가 좋은 나라를 만들려고 해도, 그들 또한 좋은 가정이 있어야 한다. 성직자가 하나님 나라를 훌륭한 강론으로 펴려고 하고, 농부가 농사를 잘 지으려 해도 좋은 가정이 있어야 한다. 직장에서 좋은 직장인이 되고자 하는 사람이나, 병원에서 좋은 의사가 되고자 하는 사람도 먼저 좋은 가정이 있어야 한다. 좋은 글을 써서 세인의 마음을 바르게 계도(啓導)코자 하는 사람이나, 깊은 사상으로 세인의 마음을 감동케 하는 사상가도 먼저 좋은 가정이 있어야 한다.

옛말에 인사 유명(人死留名)이요 호사 유피(虎死留皮)라는 말이 있다. 사람은 죽어서 이름을 남기고 호랑이는 죽어서 가죽을 남긴다는 말이다. 기러기가 고향 땅 위를 지날 때는 큰 소리를 내어 지나감을 알린다는 홍과 유성(鴻過留聲)이라는 말도 있다.

무엇을 남기려 한다 해서 남겨지는 것이 아니다. 먼저 하는 일에 뜻과 정성을 다하여 행하고, 그러다 보면 행한 대로 나타나 훌륭하게 거두게 될 것이다. 이름을 남기되 좋은 이름을 남겨야 하고, 악명 높은 사람이 되어 세상을 어지럽게 해서는 안 된다.

내 자신을 돌아다 보니 모든 것이 허허 공공(虛虛空空)하여 내 놓을 것이 없다. 월급쟁이 노릇은 수십 년을 했지만, 받을 것은 다 받고 했으니 잘 행한 것은 아니다.

내가 지금 쓰고 있는 글은 글 같지 않아서 탈이지만, 그래도 열심히 쓴 것이니 아무 여한이 없다. 책을 팔아서 한 밑천 잡으려고 쓴 것은 결코 아니고, 그냥 써서 지인(知人)들과 나누어 읽으려고 쓴 것이다. 그들이 감사하다고 할려는지, 아니면 괜한 짓거리 했노라고 혹독한 핀잔을 놓을는지는 내 알 길이 없다.

어차피 인생의 길은 모노레일이다. 갔다가 다시 올 수 있는 노정(路程)이 아니다. 한 번 가면 다시 못오는 일회성(一回性)의 외로운 길이다. 가기는 빈 손으로 가되 무엇인가를 남기고 간다. 모래성을 쌓고 가든, 튼튼한 철옹성(鐵甕城)을 쌓고 가든, 무엇인가를 남기고 간다. 영원히 무너지지 않을 것을 남겨, 만인이 우러르고, 후대들이 본받아 따라 갈 수 있는 영원한 것이면 더욱 좋을 것이다. 여력이 남지 않도록 열정을 다 불태워 살고, 미치지 않으면 이르지 못한다(不狂不及)는 생각으로 살 것이며, 좋은 것으로 세상에 무엇을 남길 것인가를 늘 생각하면서 살면, 이 세상을 살다가는 보람이 클 것이다.

내가 가지고 떠날 것은 없다.
무엇을 남기고 갈 것인가를 생각하라.

제 2 부

여기에 실린 19편의 글은, 밖에서 들어온 제목들이 아니고, 내가 손수 제목을 붙여 쓴 글들이다. 읽을만하게 썼는지는 잘 모르겠으나, 소재는 전적으로 생활 주변의 것들이어서 친숙한 느낌은 줄 것이다.

글의 내용이 좋고 또 표현까지도 좋으면, 끝까지 독파(讀破)하지 않고서는 배길 수 없는 글이 있다. 그런 글이야 아무나 쓸 수 있는 글이 아니고, 이름난 문인(文人)들에게서나 기대할 수 있는 글이다. 하여튼 만인을 만족시킬 수 있는 글을 쓰기란 참으로 어려운 일이다.

비판이 좋다고는 해도 비판을 두려워하지 않을 사람은 아무도 없다. 비판이 너무 가혹하면 붓을 들기가 두려워질 때가 더러 있다. 나 같은 사람에게는 어지간하면 칭찬을 해주는 것이 더 좋을 듯하여 하는 말이다.

아무리 재미있게 쓴 글도 25편 정도를 읽고 나면, 기력이 소진하여 더 읽을 여력(餘力)을 잃게 된다. 그럴 때는 잠시 쉬었다가 읽으면 훨씬 더 한 힘과 의욕으로 읽을 수 있을 것이다. 처음부터 지나친 욕심으로 읽다가 도중에 좌초하는 경우가 있으니, 힘을 적당히 풀어서 읽는 것이 좋을 것이다. 행간(行間)의 깊은 뜻까지를 음미하며 읽으려면 아무래도 서서히 읽는 독서법이 훨씬 더 좋을 것이다.

"사람과 그 사람이 쓴 글은 똑 같은 것"이라는 말도 있지만, 내 글은 나와 똑같은 것이 아니고 나보다는 훨씬 더 미화(美化)되어 있는 것을 발견하게 될 것이다. 현재의 나의 사람됨으로 쓴 것이 아니고, 미래에 대한 나의 염원으로 쓴 것이기 때문이다. 현재의 나는 미미하기 이를 데 없지만, 미래에 대한 나의 염원은 크고 아름답다. 내친김에 나머지 19편의 글도 마저 읽어서 새로운 독파의 영광을 누리기 바란다.

충남대학교 민 동근 명예교수님은 작년에 낸 내 책을 읽으시고 긴 서평(書評)을 보내 오셨다. 대학에서 평생을 철학과 윤리학을 강의하신 분으로, 한국 윤리학회 부회장직과 충남대학교 윤리학회 회장직을 역임하신 분이시다.

생활 윤리학 서적을 수없이 많이 읽어 봤지만 내 책보다 더 좋은 책은 여지껏 발견하지 못했다고 하셨다. 과찬(過讚)인가 싶어 전화를 걸었더니, 일구 일획도 사실이 아닌 말은 없다고 하셨다. 그러면 그 서평을 이번 책에 넣어 만인에게 공개해도 되겠느냐고 하였더니 그러면 더욱 영광이라고 하셨다. 그래서 이 책의 말미에 넣어 소개하니 그리 알고 한 번 읽어보시기 바란다. 원문에 한문(漢文)이 너무 많아 읽기에 수월하도록 우리말로 옮겨 썼으니 그리 알기 바란다.

이런 서평은 아무나 쓸 수 있는 것이 아니고, 세상을 바르게 사신 분이 아니면 결코 쓸 수 없는 글이다. 구구절절에서 그분의 인간적 면모와 열정을 느낄 수 있고, 세상을 바르게 계도(啓導)코자 하는 윤리 학자로서의 깊은 염원을 느낄 수 있다. 깊은 감사를 드린다.

26 엉터리 처방전

요사이 흔히 듣는 말로 소식(小食) 다동(多動)이라는 말이 있다. 적게 먹고 많이 움직이라는 말이다. 이와 비슷한 말로 소승(小乘) 다보(多步)라는 말도 있다. 차를 많이 타지말고 많이 걸으라는 말이다. 좋은 음식이 범람하는 세상에 적게 먹고 살라는 말이나, 마이카 시대에 차를 적게 타라는 말도 그대로 지키며 살기가 힘들다.

입맛이 당기는 대로 먹다보니 과체중에 걸리고, 차가 자기 집에 있다 보니 자연히 많이 타게 된다. 그러다 보니 자연 운동 부족증에 걸려 몸은 점점 불어난다.

나 역시 그 중 한 사람이 되어 과체중 현상이 일어나 몸이 무겁다. 그러다 보니 여러 군데에 이상 증후가 나타나기 시작한다. 이대로 가다간 말년 노구를 지탱하기 조차 어렵겠다는 생각이 들어, 우선 할 수 있는 것으로 다동 다보에 신경을 쓰지 않을 수 없게 되었다.

한 때는 산악회에 가입하여 산도 타고 아침 저녁으로 운동도 하며 살았다. 그러다가 높은 산에 오르는 일은 이제는 그만두고, 아파트 주변의 낮은 산이나 운동장, 공원 등에서 운동을 하며 산다.

유산소 운동에 가장 좋은 시간은 해가 뜬 뒤의 시간이 좋다

하여, 그렇게 하기를 권장하지만 그렇게 하지 못하고 있다. 반드시 이른 새벽이나 저녁 식사 후의 어두운 시간을 골라서 한다. 이렇게 아침 저녁의 시간을 이용하여 운동을 하면 낮 시간을 한갓지게 이용할 수 있어서 좋다. 평생을 그렇게 하다 보니 이제는 몸에 인이 박혀, 그 시간이 되면 안 나가고는 못 배긴다. 제아무리 추운 겨울이라도 옷차림을 단단히 하고, 마스크를 하고, 귀마개가 달린 모자를 깊숙이 눌러쓰고 나가, 약 한 시간 정도의 운동을 하고 돌아온다.

겨울철 아침의 추위가 제아무리 매섭다 해도 지금껏 별 탈 없이 잘해오고 있다. 그 시간은 나이 든 사람들에게는 위험하다 하여 그렇게 하지 말기를 권장하지만, 아직은 바꿀 생각이 별로 없다. 좀 더 나이가 들어 안 되겠다 싶으면 할 수 없지만 아직은 그대로 하고 싶다.

그처럼 추운 겨울에도 새벽 그 시간이면 어김 없이 집을 나서고, 갔다 와서는 반드시 샤워로 몸을 씻고, 그러고 나서 아침 식사를 하고, 하루를 시작한다. 신문을 읽고, T.V.프로 중에 볼만한 것을 골라 보고, 그 중에 한두 개의 드라마를 보며 하루를 보낸다. 책은 옛날처럼 억세게 읽지는 못하고, 필요할 때만 조금씩 읽는다. 왜냐하면 체력도 거의 다 된데다 시력이 옛날 같지가 않기 때문이다. 눈을 어찌나 혹사시켰던지 이제는 눈에게 보은(報恩)하는 것이 좋겠다 싶어 눈을 좀 쉬게 하고 있다. 그 외의 잡다한 집안일도 하고 친구들과의 모임에 나가기도 한다. 그러다가 생각이 떠오르면 글을 쓰기도 하고, 여러 시속 잡상(時俗雜想)에 젖으며 세상의 흐름을 느끼기도 한다.

바쁜 가운데 한가를 즐기면 이를 망중한(忙中閑)의 여유라 하겠지만, 이제는 무한히 트인 세월 속에서, 가끔씩 손에 잡히는 일만을 하고 사니, 참 팔자 좋은 세월이다. 젊었을 때 벌어 놓았던 것으로 노년을 먹고 사니, 조금은 궁(窮)하기는 해도, 이보다 더한 호팔자의 세월은 없는 것 같다. 하지만 자꾸 몸이 오그라들어 기동(起動)이 옛날 같지가 않으니, 탈이라면 이게 탈이다. 가끔 아픈 데가 나타나 병원을 찾는 빈도수가 옛날 같지가 않다. 이런 것만을 제외한다면 노년도 괜찮은 것 같은 생각이 든다.

이른 아침에 나가 운동을 하고, 그래도 몸이 무겁다 싶으면 저녁에도 나가 운동을 하고 돌아온다. 운동을 좋아서 하는 사람은 거의 없을 것이고, 하는 수 없이 살고자 하여 하는 일이다. 밝은 대낮에 나가 운동을 하면 주위의 눈총이 그렇게 곱지가 않다. 오래 살려고 저렇게 집요하게 운동에 매달리며 살아야 하는가 등의 눈총도 조금은 두렵다. 그러다 보니 하는 수 없이 남들이 공적(空寂)을 즐기는 시간을 골라 이렇게 하고 있다. 남들이 깊은 잠에 취해있는 새벽 시간이나, 그날 하루의 피로를 녹이는 저녁 식사 후의 시간을 나는 이렇게 잘 이용하고 있다.

과체중을 좀 빼볼려고 안간힘을 써봐도, 체중기의 바늘은 몇 달이 지나도 조금의 미동(微動)도 없다. 모든 걸 다 포기하고 이제는 체중이 불어나지 않도록 하는 것만이 최상의 방법이라 생각하고 그렇게 하고 있다. 먹는 것을 줄여보려 하지만, 다른 큰일이 일어날 것만 같은 생각이 들어, 그렇게 하지 못하고 있다. 현재의 생활 속에서 길을 찾아 건강을 유지하며 살 수 밖에 없다. 이 속에 길이 있다 생각하고, 이 속에서 평안과 건강을 유지하며 살다가, 대왕님께서 오라시는 날 갈 수 밖에 다른 도리가 없다.

언젠가 큰아들이 체중을 줄이기가 어려우면 체력을 길러 체중을 받쳐주면 된다고 하기에 그럴 듯 하다는 생각이 들었다. 체력이 강하면 어지간한 체중은 충분히 받쳐줄 수 있을 것이라는 생각이 든다. 나이가 나이인지라 그렇게 될런지는 모르지만, 우선은 적당히 먹고 적당히 운동하는 방법 외에는 다른 길이 없다.

사는 것은 곧 자기와의 싸움이고, 자기와의 싸움이란 자기 고독과의 싸움이다. 남들이 하기 어려운 일을 남들이 하기 어려운 시간에, 어떤 일을 하는 데서 때로는 큰 고독을 느낀다. 그 싸움에서 지면 건강을 잃고, 건강을 잃으면 다른 도리가 없다. 몸의 건강을 잘 유지함도 자기와의 부단한 싸움을 통해서 이루어진다. 살을 에이는 칼바람 추위를 이겨내는 일이 결코 쉬운 일이 아니다. 자기와의 싸움에서 이기지 않고서는 결코 건강을 유지할 수가 없다.

그러고 보면 나도 굉장한 독종이다. 70노수에 그렇게 하니 독종이 아니고서야 어찌 그렇게 할 수가 있겠는가. 그런데 나만이 그렇게 하는 것은 아니고 나보다 먼저 나와서 그렇게 하는 사람들이 있다. 그들 중에는 84세의 노인도 들어 있다. 젊었을 때부터 일편 단심(一片丹心)으로 그렇게 행하니, 그분은 아직도 꼿꼿하고 정정하시다. 노익장(老益壯)의 팔팔하고 건강한 생활을 누리며 사신다. 운동보다 더 좋은 보약이 없다며 운동에서 건강을 얻어 사신다.

움직이면 피가 맑아지고 피가 맑으면 신진대사가 잘 이루어져서 혈압이나 당뇨는 물론 뇌졸중 같은 큰 병도 일어나지 않는다고 한다. 많이 움직이면 하체가 튼튼해지고 하체가 튼튼하면, 다리의 근육이 튼튼해진다. 그래서 옛말에 사위감을 고르려거든 다른 데를 보지말고 먼저 허벅지가 튼튼한가를 보라고 했다.

사람은 몸의 중심이 낮을수록 편안함을 느낀다. 그래서 서있는 것 보다는 앉아 있는 것이 편하고, 앉아 있는 것 보다는 누워 있는 것이 편하다. 편하다 하여 누워 있기를 계속하면 몸은 점점 약해져서 허물어진다. 그래서 할 수만 있으면 누워 있지만 말고 움직이라고 한다.

많이 움직이는 것 보다 더 좋은 것이 없다 하여 소승 다보로 건강을 유지하고, 소식 다동으로 건강 유지의 본을 삼으라고 한다.

식사 중에 소사(蔬食)라는 것이 있다. 산해 진미(山海珍味)로 보양을 삼을 것이 아니요, 이것 저것 거칠게 먹는 것을 말한다. 소사를 보양식으로 삼으면 과체중도 막을 수 있고, 몸 속에 기름덩이도 끼지 않아, 혈액 순환도 잘 되고, 머리도 맑아 살기에 좋을 것이다.

삼정승(三政丞) 부러워 말고 내 몸 튼튼히 하라는 말도, 부질없는 허욕 같은 것 다 버리고 병 없이 건강하게 살라는 말이다. 다식과 건강은 서로 동행(同行)하지 않는다 하였으니, 조금 더 먹고 싶다고 생각될 때 숟가락을 놓으면 평생 병원에 가는 일이 없을 것이다. 예방의 1온스는 치료의 1파운드에 맞먹는다 하였으니 조금 적게 먹고, 평소에 운동 열심히 하여, 건강을 도모하면, 병에 걸려 약을 먹고 치료받는 일도 없을 것이다.

"건강과 쾌활은 공존 공영한다."(Health and cheerfulness mutually beget each other.)는 말이 있다. 늘 즐거운 마음으로 살고, 마음에 어두운 그늘이 드리우지 않도록 늘 세상을 긍정적으로 생각하며 살아야 한다. 젊었을 때부터 운동하기를 힘써야지, 늙은 다음에야 움직이려 하면 힘이 없어서도 안된다. 게을러 빠진 사람에게까지 건강의 은전은 없다. 후회는 이미 늦은 것을 느낀다.

건강은 한 가지이지만 병은 수천 가지나 된다. 수천 가지나 되는 병도 한 가지의 튼튼한 건강으로 막아낼 수 있다. 병든 몸은 지옥과 같은 것이어서 나쁜 정념(情念)이 일어나면 한없이 시달리게 된다. 마음 속에 악한 정념이 일어나 괴롭히기 시작하면 아무리 튼튼한 몸도 견디지 못하고 무너진다.

건강을 잃은 다음에 살려달라고 애원을 해도 아무 소용이 없고, 평소 기도를 통해 건강하기를 꾀하면 필연 건강의 축복을 얻어 살 수 있을 것이나. 세상의 모든 것 중에 건강보다 디 좋은 것이 없는 것이니, 건강 지키기에 최선을 다 해야 한다.

건강을 잃으면 사랑하는 가족은 물론 재물과 명예 등 세상에 좋다는 모든 것이 무위(無爲)한 것이 된다. "아! 인생은 허무하고 부생 약몽(浮生若夢)이런가"하고 한탄을 해도 아무 소용이 없다. 내 몸이 보배(我身之寶)인 것이니, 절제를 통해 심신의 통어(通御)를 기하고, 마음에 기쁨과 평온을 얻어 살면 아무 탈 없이 건강 생활을 유지하며 살 수 있을 것이다. 건강을 잃으면 살맛을 잃고 사는 것 자체가 힘들고 지겨워진다.

건강해야 부모에게 효도하고, 좋은 남편과 좋은 아내가 되고, 좋은 아빠와 좋은 엄마가 된다. 건강해야 사회에 봉사하고 나라에 충성하는 좋은 국민이 된다.

내 이 방면에 무식하여 엉터리 처방전이기는 해도, 평생의 임상 경험에서 얻은 것이니, 한 번 해 보시면 그 맛의 우아함에 놀랠 것이다. 천병 만약(千病萬藥)도 한 가지 건강 앞에서는 힘을 쓰지 못하는 무위한 것이 될 것이다.

27 가을 소묘(素描)

여름인가 싶더니 어느새 아침 저녁으로 서늘기가 돈다. 가을이 올 때 여름을 완전히 밀어내고 오는 것은 아니다. 한 참을 여름의 끝자락과 맞물려 싸우다가 서서히 밀어내고 온다.

계속 덥다가 조금만 서늘기가 들어도 사람들은 가을이 오는 것을 느낀다. 한겨울에 봄을 앞당겨 생각하는 것은 추운 겨울이 싫기 때문일 것이다. 계절의 오고 감이 어찌나 신묘하던지, 그 신묘함에 감탄하지 않을 수가 없다.

조금 외로운 것을 제외하면 가을보다 더 좋은 계절은 없다. 이 좋은 계절이 우리 앞에 지금 서서히 다가오고 있다. 시간이 조금만 더 지나면 가을은 서서히 그 본체를 드러내어 나타날 것이다.

오늘이 9월 1일이고, 절기상으로 9월 1일은 완연한 가을이다.

입추가 지난지도 오래지만 그래도 계절은 이제야 가을 속으로 들어갈 채비를 한다. 아침 저녁의 양기(涼氣)를 제외하면 한 낮은 아직도 여름 속이다. 그래도 9월 1일은 가을로 들어가는 문호다. 이처럼 좋은 계절에 그냥 앉아 있을 수가 없어서 가을 소묘를 통해 가을의 편력(遍歷)을 해보기로 한다.

실솔(蟋蟀)들의 울음소리는 아직은 실오리 같이 들리지만, 조금만 더 지나면 그 소리들이 쏟아져 들어와 우리의 마음을 어지럽게 할 것이다. 마음이 소슬하여지면 표연(飄然)히 어디론가 가고 싶고, 싱싱하던 잎사귀들도 밀려오는 가을의 대기(大氣)를 이기지 못해 조금씩 퇴색하기 시작한다. 미미한 가을색으로 퇴화(退化)하다가, 한로(寒露) 상강(霜降)에 이르면 선홍색(鮮紅色)의 시뻘건 단풍이 든다. 온 산야가 짙은 추색(秋色)으로 물들면 가을은 온통 불이 붙어 타는 듯 할 것이다.

얼른 보면 주홍이나 선홍색의 가을 산도 자세히 보면 어찌 주홍이나 선홍색 뿐이랴. 청(靑)이 있고, 녹(綠)이 있고, 황(黃)이 있고, 등(橙)색으로 어우러져 찬란한 스펙트럼을 이룬다. 따스한 가을 볕에 들녁은 온통 황금빛으로 물들어 일렁인다. 바람과 햇볕과 날씨와 시간이 어우러져 저렇게 신묘한 조화를 이루어 나타난다.

여름은 샹드리에라 하고 가을은 등롱(燈籠)이라고 한다. 가을은 눈부시게 찬란한 불빛은 결코 아니다. 촛불을 켜서 그 속에 넣은 희미한 등롱이라 함이 옳을 것이다. 눈부시던 태양빛이 그 광휘를 잃으니, 휘황찬란한 불빛은 이젠 어슴푸레한 등롱의 불빛으로 변해 간다.

구름 사이로 드러나는 하늘은 코발트빛 그대로의 푸른 하늘이다. 여름에 시달렸던 몸이 이젠 기운을 얻어 활기가 넘친다. 가을 하늘이 유독 높아 보이는 것은 분망하게 날던 미세한 것들이 차분히 자리를 잡아 가라앉기 때문이다.

가을은 여름이 타고남은 찌꺼기라고 한다. 그처럼 푸르던 초목들이 메마른 삘기가 되어 찬바람에 흔들거리고, 사위(四圍)의 경색(景色)이 온통 가을색이면 명산 고봉을 찾아 오른다. 사람들은 가을의 정취에 취해 가을을 찾아 가을 속으로 들어간다. 아무리 무심한 사람도 가을의 정취에는 무심할 수가 없다.

가을의 물소리는 청아(淸雅)하여 구슬프게 들리고, 밤에 타는 가야금 소리는 밤이 깊을수록 더 가까이 들린다. 추위를 피해 남으로 오는 기러기는 밤하늘을 가르며 온다. 고향땅 위를 지날 때에는 더 큰소리를 내어 지나감을 알린다.(鴻過留聲)

날씨가 쌀쌀해지면 소슬한 느낌이 들고, 조금만 더 시간이 지나면 가을의 찬 기운은 하늘과 땅에 찬다. 여름철에 입었던 가벼운 옷은 이제 제철을 잃었고, 더 길고 두꺼운 옷으로 갈아입어야 한다. 천, 지, 인(天地人) 삼계(三界)가 완연한 가을이니, 청흥(淸興)의 가을을 찬미하는 노래소리 하늘에 드높다.

그처럼 탱글탱글하던 감이 어느새 저렇게 익어 새빨갛게 변했고, 손으로 조금만 건드려도 당밀처럼 단 즙이 터져 흐를 것만 같다. 알밤이 어느새 익어 쏟아져 내리고 푸른 하늘엔 텅빈 가시 송이만 덩그러니 매달려 있다.

울타리 밑에는 황국(黃菊)이 피어 봉접(蜂蝶)을 불러 들이고, 바람결에 떨어지는 낙엽은 지접(地接)할 곳을 찾아 이리저리 난다. 사창(紗窓)에는 달빛이 교교(皎皎)히 흘러들고, 떠나간 님이 그리워 베갯잇을 적신다.

가람 이 병기(李秉岐) 선생의 시조를 한 수 읊어 깊어가는 청추(淸秋)의 감회를 느껴보고자 한다.

들마다 늦은 가을 찬 바람이 움직이네
벼이삭 수수이삭 으슬으슬 속삭이고
밭머리 해그림자도 바쁜 듯이 가누나

무 배추 밭머리에 바구니 던져두고
젖 먹는 어린 아이 안고 앉은 어미 마음
늦가을 저문 날에도 바쁜줄을 모르네

가을 물은 소발자국에 고인 물도 먹는다 하였다. 석간수(石間水)를 한 웅큼 떠서 마시면 전기에 감응된 듯 온 몸이 짜릿하다.

단풍의 색이 좋아 아름다운 추색(秋色)이 되고, 오곡백과의 색이 좋아 가을 하늘이 아름답게 수 놓인다. 긴 목을 하늘에 내민 코스모스는, 그 청초(淸楚)한 엽상(葉狀)이 찬바람에 하늘거린다.

붉은 잠자리들은 물을 차듯 하늘로 치닫고, 어린 손자놈들은 잠자리 채를 휘둘러 보지만 연신 허탕을 친다. 어쩌다가 한 마리라도 잡으면 마음은 기고 만장(氣高萬丈) 하늘로 뜬다.

가을을 거두어 곡간에 넣으니 추수 동장(秋收冬藏)의 기쁨이 크다. 가을은 하늘이 높고 말도 사람도 실찌는 계절이다. 먹을 것이 지천(地天)에 널려 있어 무엇을 먼저 먹을지 모를만큼 풍요롭다. 구추 풍국(九秋楓菊)이 산야에 가득하니 그 향이 짙다. 가을이 다 하면 찬 서리가 내리고, 소슬한 바람결에 낙엽이 구르는 소리 요란하다. 낙엽이 떨어져 뒹구는 소리에 가을밤은 점점 깊어간다.

가을은 등화 가친(燈火可親)의 계절이다. 등불을 벗하여 호젓이 앉으면, 마음은 호심(湖心)처럼 조용해진다. 내 나이도 이젠 만추(晩秋)의 고비를 넘고 있으니, 등하(燈下)가 그립고, 등하의 한상(閑想)이 그립다.

눅눅한 여름 습기에 곰팡이가 낀 책들을 가을 볕에 말려 방으로 들여놓고, 밤이 깊는 줄도 모르고, 독서 삼매에 빠진다. 가을은 주경 야독(晝耕夜讀)으로 마음에 살이 찌는 계절이다.

가을걷이가 끝나면 들녘은 텅 비어 황량한 느낌이 들고, 마음은 더욱 소슬하여 서글픔이 인다. 젊었을 때는 낙엽지는 소리에도 무심하였지만, 이제 나이가 드니 낙엽지는 소리에 마음도 따라 진다. 낙엽 위를 거니는 낭만은 세월의 거듭함에도 그 맛이 좋다.

추풍의 낙(樂)이 아무리 좋다고 해도, 이 낙이 가시고 나면 외로움이 물밀 듯 밀려온다. 아무리 그래도 가을은 결실의 계절이요, 속으로 영그는 계절이다. 젊었을 때가 엊그제 같은데 언제 이렇게 나이가 들었는가?... 세월의 무상함이야 어쩔 도리가 없다. 모든 일에는 시작이 있고 가운데를 지나 마지막에 이른다. 가을도 초추(初秋)를 지나 중추(仲秋)에 이르고, 중추를 지나 만추(晩秋)에 이른다. 만추에 이르면 마음은 서서히 겨울맞이에 들어선다. 장승같이 민춤한 해바라기가 해를 따라 영글 듯, 우리의 마음도 알알이 영그는 계절이 된다.

지금껏 땀흘려 가꾸었던 것들이 이렇게 결실로 거두어지니, 부지런한 자만이 보화(寶貨)를 거두는 가을은 그 의미가 크다.(勤者得寶) 지금부터 펼쳐질 추정(秋庭)을 머리 속에 그리면서 어설프지만 이렇게 가을 소묘를 했다.

28 하늘로 통하는 전화

퇴직 후 한거(閑居)에 묻혀 산지도 어언 10여 년에 이른다. 하지만 잘 적응하며 살고 있다. 걸려오는 전화 횟수도 옛날 같지가 않다. 어떤 날은 하루 종일 한 통의 전화도 없다. 친구놈들로 부터 오는 전화도 거의 없다. 내가 안하니 그들인들 어찌 마음을 내겠는가?

지금 우리 집의 전화번호부는 옛날부터 써오던 것이라, 지인들의 번호가 빼곡이 들어차 있다. 그들 중에는 기억하기가 어려운 사람들도 더러 있다.

우리 집의 전화번호부를 열면, 첫 장 맨 윗줄에 돌아가신 선친의 전화 번호가 그대로 남아 있다. 선친 가신지 어언 4년여에 이르지만 아직도 전화번호는 그대로 남아 있다. 첫 장 첫 줄에 있는지라 전화번호부를 열기만 하면 첫 눈에 그냥 들어온다.

아버님이 세상에 안 계신지라 전화번호도 지워버림이 마땅한데도, 그대로 놔둔 것은 양위분을 옛날 그대로 상기하며 살고자 함이다.

아버님 전화번호 뒤에 괄호를 열고(하늘로 통하는 전화)라고 써놓았다. 지금도 하늘에 살아 계셔서 구천(九天)을 날고 계실 것 같은 생각이 들어서였다. 살아 계실 때는 틈나는 대로 전화를 올렸지만, 지금은 가시고 안계시니, 그냥 마음으로 밖에 할 도리가 없다.

모친이 가신지는 벌써 십수 년에 이른다. 가면 멀어진다(去者日益疏)는 옛말도 있지만, 가끔 생전의 모습이 떠올라 살아 계실 때의 상념에 젖기도 한다.

부모님이 다 살아 계신 것을 옛 사람들은 구경(具慶)이라고 했다. 부모님이 다 살아 계시면 그보다 더한 경사가 없다 하여 "경사를 갖췄다"는 뜻으로 쓰인다. 하지만 이제는 두 분 다 가시고 안 계시니 경사를 다 잃은 셈이 되었다. 부모님이 사시던 집을 구경당(具慶堂)이라 하는 것도 경사를 갖추어 사는 집이라는 뜻이어서 그렇게 쓰인다.

내 나이도 어언 고희의 중반을 넘겼으니, 옛날 같으면 산 속에 묻혀 있어야 할 사람이다. 내 나이 정도면 구경의 행복을 누릴 나이는 결코 아니다.

부친만 살아 계시면 엄시(嚴侍)라 하고, 모친만 살아 계시면 자시(慈侍)라 한다. 두 분이 다 안 계시면 영감(永感)이라고 하거니와, 영감이란 글자 그대로 영원히 슬픈 감회를 가지고 산다 함이다. 옛날 사람들은 부모님이 안 계시는 것을 큰 슬픔으로 여기며 살았지만, 지금 세상이야 그렇지 못하니 금석지감(今昔之感)을 느낀다.

신약 성경 에베소서 6장에, "자녀들아, 주 안에서 너희 부모에게 순종하라. 이것이 옳으니라. 네 아버지와 어머니를 공경하라. 이것이 약속이 있는 첫 계명이니 이로써 네가 잘 되고 땅에서 장수하리라. 또 아비들아 너희 자녀를 노엽게 하지 말고 오직 주의 교양과 훈계로 양육하라."라고 하였다.

"부모를 공경하면 네가 잘 되고 땅에서 장수한다"고 하였다.

나는 그것을 확실하게 믿고 사는 사람이다. 부모에게 잘한 자 중에 잘못 되는 자가 없기 때문이다.

"새끼 많이 둔 소는 길마 벗을 날이 없다."는 말이 있다. 길마란 짐을 많이 실으려고 소의 등에 얹는 틀을 말한다. 자식을 많이 둔 부모는 언제나 바쁘고 짐이 무겁다는 뜻이다. 하루도 편할 날이 없이 무거운 짐을 지듯 사셨으니, 진실로 그 은혜는 백골 난망(白骨難忘)이다. 백골이 마분(磨紛)되어 다 없어져도 잊을 수 없는 것은 이 일 뿐이다.

자식이 자식 되었을 때는 부모의 마음을 알 리가 없지만, 제가 자식을 길러봐야 비로소 부모의 마음을 알 수 있다고 했다.(養子息知親力) 나도 자식이 셋이고 그들에게 딸린 놈들이 일곱이나 되지만, 친력(親力)을 알기엔 아직도 어설프니 내가 사람 되기엔 아직도 먼 것 같다.

멀리 떠나온 자식이 구름을 쳐다보며 어버이에 대한 사모의 정을 나타낸다 하여 망운지정(望雲之情)이란 말이 나왔다. 세상이 어지러워 이런 정이 날로 마모되어 없어지는 것에 회한(悔恨)의 슬픔을 느낀다. 세상이 막되다 보니 부모를 팽개치는 일이 다반사이고, 심지어는 부모를 살해하는 일까지 서슴지 않고 자행하니, 이놈의 세상이 어찌 되려 이러는가?

부모 모시기를 하늘처럼 극진히 하고, 그 정을 잊지 않고 마음에 새겨 행하면 이 일보다 더 복 받는 일은 없을 것이다.

아버님 어머님은 지금 곁에 계시지 않지만, 하늘에 계셔서 구천을 훨훨 나실 것이다. "하늘로 통하는 전화"로 그간의 정을 이어가니, 내가 하는 일 중에 가장 잘하는 일로 여겨진다.

하늘나라는 병도 근심도 없어서 영원 무궁토록 즐겁게 살 수 있다고 하니, 꼭 그렇게 되셔서 그간 누리지 못한 안식(安

息)과 평강(平康)을 누리시기를 기원한다.

페스탈로치 같은 교성(敎聖)은, "자식을 가르치는 데는 과학으로 하여라. 그러면 그의 생애는 유익할 것이다. 또 그를 가르치는 데는 종교로서 하여라. 그러면 그의 죽음은 행복할 것이다."라고 말했다.

자식을 가르치는 데 과학으로서 하라는 말이 영 마음에 들지 않는다. 자식을 과학으로 가르침이 마땅한 일이기는 하나, 자식은 과학의 힘도 미치지 못하는 그 이상의 힘으로 가르친다. 과학의 영역을 훨씬 넘어서는 것으로 가르치기 때문이다. 과학만으로 가르친 자식은 편리한 삶을 살 수 있을는지는 모르지만 사람다운 사람이 되어 살지는 못한다.

어느날 한 남자가 아이들이 놀고 있는 주변의 땅에서 유리조각과 돌조각들을 주워 주머니 안에 집어 넣고 있었다. 그걸 보고 있었던 다른 한 남자가, "여보시오, 당신은 누구이길래 그런 짓을 하는거요."라고 말했지만 그저 미소만 지으며 그 일을 계속했다고 한다. 그가 다름아닌 교성 페스탈로치라는 사람이었다.

유리조각이나 돌조각 같은 것은 줍지 않으면 아이들이 상처를 입는다는 것은 단순한 과학적 원리에 근거한다. 그러나 그가 아무도 하지 않는 그런 일을 한 것은 단순한 과학적 원리 때문만은 아니다. 아이들에 대한 깊은 사랑과 열정이 없었더라면 그렇게 할 수 없었을 것이다. 순수한 과학으로 가르쳐진 아이는 피가 뜨겁지 않는 냉혈한(冷血漢)이 되기가 쉽다.

받으면 받은 것만큼 갚는 것이 과학이지만, 사랑은 그 이상의 것을 갚는다. 전혀 받지 않아도 받은 것처럼 무한히 갚는 것이 사랑이다. 자식들이 어려운 처지에 놓이면 그들을 구하기 위해 그들의 생명까지도 내놓는다.

아버님은 살아 생전에 과학으로 가르치신 것이 아니고 과학으로는 도저히 설명할 수 없는 그 이상의 것으로 가르치셨다.

9남매를 쇠사슬보다 더 강한 벨트로 묶어 그들이 조금도 흔들림 없이 살 수 있도록 하셨다. 한 놈이라도 그 분의 뜻에 어긋나는 놈이 있으면 회초리 같은 가냘프고 계산된 것으로 하지 않으시고, 주먹이나 드센 발길을 날려 다스리셨다. 과학이 무엇인지도 모르는 분이시고 자기직관으로 옳다고 생각하시면 그대로 믿고 하시는 분이셨다. 그것이 곧 그분 특유의 자식 사랑의 비법이었다.

지금 9남매 모두가 아무 탈 없이 기염을 토하며 살고 있는 것은, 살아 생전의 부모님의 사랑과 희생의 덕이 컸기 때문이다.

하늘로 통하는 전화는 무한량 트여 있는 전화요, 시간의 제약이나 요금의 제약도 받지않고 무한히 할 수 있는 전화다. 마음만 먹으면 언제든지 할 수 있고, 하면 할수록 더하고 싶은 전화다. 늘 감사에 넘쳐 드리는 전화요, 살아 생전의 다정다감한 모습을 상기케 하는 전화다. 늘 바르고 의롭게 살라고 가르쳐주신 말씀을 귀감삼아 살게 하는 전화다.

살아 생전에 시름과 고생이 크셨지만, 그런 걸 다 떨쳐버리시고 구천을 이리저리 치달으며 훨훨 날으시기를 기원드린다.

322－7684(하늘로 통하는 전화)

29 노년 예찬(老年禮讚)

지난 번에 낸 책에 노년 이야기가 많다는 어느 독자의 지적이 있었다. 나는 그런 줄도 모르고 썼지만 독자의 눈에는 그것이 쉽게 잡힌 모양이다. 소스라쳐 놀라 책을 다시 읽어보니 앞부분에 몇 군 데에 그런 글귀가 들어 있었다. 그것도 한 두 줄의 글로 노년 묘사를 했지만, 노년에게 충격을 줄만한 글은 아니었다. 내가 노년에 이른지라 그런 글이 은연중에 쓰여진 모양이다.

다른 독자들에게 혹시나 읽기에 어색한 대목은 없었느냐고 물었더니 전혀 그런 것을 발견하지 못했노라고 했다.

독자 층도 다양해서 같은 내용이라도 각각 느끼는 정도가 달라서 그럴 것이다. 노년들을 비하(卑下)해서 쓴 글이 아니고, 힘내지 않으면 살기가 어려우니 힘내어 살라고 썼을 뿐이다.

지금껏 살아오는 중에 노년을 예찬해서 쓴 글을 거의 본 적이 없다. 청춘은 인생의 황금기여서 예찬받아 마땅하지만, 노년을 인생의 황금기라고 예찬해봤자 누더기를 비단옷으로 예찬하는 것이나 다름이 없어서 그러기를 싫어할 것이다.

노년을 예찬하려고 하니 마치 내 자신을 예찬하는 것과도 같아서 겸연쩍은 생각도 든다. 이 글을 쓰려고 아무리 생각해봐도 나에게는 예찬 거리가 없는 것 같다. 다른 사람들이야 힘차게 살고 있고, 노구(老軀)인데도 연부 역강(年富力强)의 세(勢)를 과시하며 사는 사람들이 많아서, 그들을 본받아 삶이 좋을 듯 하여 이 글을 쓴다.

노년은 다른 말로는 세한(歲寒)이라고도 한다. 사철 중에서도 추운 겨울이라는 뜻이다. 겨울은 사철 중에 마지막 계절이고, 춥기가 그지없어 견디어내기가 힘들다 하여 그렇게 표현한 것 같다. 그러나 그런 것을 의식하지 않고 추워도 춥지 않게 힘내어 살면, 젊은이나 조금도 다르지 않을 것이다.

어느 이름있는 분은 정년 후에도 몸의 노쇠를 의식하지 않고, 여행도 하고 사람들과의 교제도 활발히 하며 살고 계신다. 살기가 힘든 세월이지만 이를 조금도 의식하지 않고, 유유 자적(悠悠自適)의 멋과 여유를 즐기며 살고 계신다. 혹시나 정신적 기능에 마비가 오지 않았나 시험해 보려고 젊은이들이 하는 공부도 해봤지만, 아무런 이상이 없었다. 80이 넘었는데도 설계 사무에 관한 일을 하고, 많은 수주(受注)가 들어오면 그 일에 전념하며 사신다. 8시간의 수면 시간을 엄수하며 건강한 말년을 보내고 계신다. 젊은이들처럼 활기차게 세상을 산지라, 세상 사람들로부터 사랑과 존경을 받으며 사신다.

노년을 말년의 인생이라 하여 비하할 일은 결코 아니다. 피카소 같은 화가는 90세가 넘은 나이인데도 그림 그리는 일에 전념하여 불후의 명작을 남기기도 했다.

늙었다 하여 늙은이의 행세를 하지 않고, 집안일도 열심히 하고, 정원에 나가 정원도 가꾸고, 밭에 나가 김도 매고, 사무실에 나가 그간 쌓은 경륜으로 젊은이들을 진두 지휘하며 사업을 계속하는 분도 계신다.

어지간한 거리는 걸어서 다니고, 당당한 걸음으로 말년 건강을 과시하며 산다. 노래 경연장에 나가 젊은이들과 겨뤄 상도 타오고, 이는 빠져 소리가 헛새어도 상관하지 않고 당당하게 맞서 노래한다. 머리가 다 빠져 어린이처럼 민둥해도(頭童), 모자를 둘러쓰면 여름엔 해가림이 되고, 겨울엔 한겨울의 모진 추위도 막아낸다 하여 조금도 상관하지 않는다.

더위와 추위 속을 내달으며 힘차게 걸으면 몸과 마음은 하나가 되어 팔팔한 젊은이가 된다.

세월이 새긴 흔적은 도처에 나 있지만, 품위가 당당하면 우아하여 보기에도 좋다. 뭇 사람들의 사랑과 존경을 받으며 살면 노년도 아주 살만한 세월이 된다. 그런 속에 삶의 활력을 느끼며 살면, 이게 곧 노년의 여명(黎明)이 될 것이다.

늙었다 하여 기죽지 않고, 하는 일이 원숙하여 노숙(老熟)의 경지에 이르면 매사에 빈틈이 없다. 고요한 가운데 힘차게 살고, 힘은 좀 부쳐도 힘차게 살면 노년은 곧 인생의 황금기가 될 것이다.

바람결에 흩날리는 백발은 은발의 비단결처럼 아름답고, 이마에 머리는 없으나 햇빛이 닿아 반사하면 은광이 반짝이듯 찬란하다. 허리가 굽은 것 같으나 굽지 않고, 다리가 아픈 것 같으나 아프지 않게 걸으면, 노년 속에 젊음이 있어 힘차게 사는 세월이 된다.

몸에 병이 있으면 병을 벗하여 살고, 몸이 아파도 내색을 하지 않고 살면, 왔던 병도 질겁하여 도망칠 것이다. 어디가 아프다고 죽는 시늉을 하면 병은 떼를 지어 지름길로 달려들 것이다.

눈이 어둡다는 핑계로 글 보기를 남보듯 하고, 몸이 아프다 하여 움직이기를 싫어하면 몸은 천근만근 더 무거워진다.

추레한 옷차림을 하면 더 추레하게 보이고, 몸이 귀찮다 하여 몸 단장을 게을리하면 몸은 점점 더 추하게 보인다. 옷을 입되 제일 좋은 것으로 골라서 입고, 절기에 따라 구색을 갖추어 입으면 몸도 마음도 쾌하여 사는 맛이 더 할 것이다.

늙으면 어린이가 된다는 말이 있다. 왜 어린이 노릇을 하려 하며, 왜 아이들처럼 철없는 짓을 하여 주위의 눈살을 찌푸리게 하는가? 처신을 우아하고 당당하게 하라. 우유 부단에 빠져 이랬다 저랬다 하면 주변이 혼란에 빠진다. 늘 품위를 유지하고 나이든 사람으로서의 금도(襟度)를 지키고, 포용의 도를 넓혀야 한다.

말을 하되 쩌렁쩌렁한 소리로 주위를 리드하고, 말소리는 어눌해도 그 속에 지혜와 경륜이 있어야 한다. 할 말이 있으면 속에 가두어 놓지만 말고 당당하게 하라.

노년은 죽음의 그림자 밑에 산다. 데모크레스의 칼(Democles' Sword)처럼 언제든지 그 칼이 내려칠 수가 있다. 죽음을 두려워 하면 노년처럼 무섭고 살기 힘든 세월도 없다. 조금만 아파도 죽을 병에 걸렸다고 생각하면, 병은 점점 더 커져서 나을 병도 낫지 않고 죽는다. 데모크레스의 칼날은 마음이 약한 자에게는 강하고, 마음이 강한 자에게는 감히 함부로 덤벼들지 못한다.

죽음에 대해 늘 불안해 하고, 무서워할 것이 아니요, 올 것이 때가 되어 오는구나 하라. 어차피 인생은 일생 일사(一生一死)가 아닌가? 언젠가는 죽을 몸인데 이 정도 살다가는 것에 감사하라. 자기 몫을 다 살다 간다고 생각하라. 짧으면 짧은 대로 감사하고, 길면 긴 대로 감사하며 살면, 오히려 마음이 편하여 훨씬 더 좋은 생을 살 수 있을 것이다.

송 지호 교수의 사생관을 여기에 실어 죽음을 맞이하는 우리의 태도를 잠시 생각해 보고자 한다.

"이 세상을 떠날 적에는 꼴보기 싫은 모습을 보여서는 안된다. 마음의 준비가 되어 있는 사람은 꼴보기 싫은 죽음을 하지 않는다. 당연하고 겸허하게 맞이하여 깨끗하게 떠난다. 당황하지 않고 침착하게 임하여, 모든 준비와 주변의 정리를 정신 차려서 행한다. 죽음에 임하여 당황하고 비통해지는 것보다 평소에 마음의 준비를 거듭하여, 안온한 가운데 그것을 맞이할 수 있는 사람은 죽음의 복을 얻었다고 할 수 있다.

죽음은 불안하다. 그렇지만 늙어서도 최후까지 부지런히 일했던 사람에게는 공포나 불안의 대상이 아니고, 할 일을 다하여 칼이 부러지고 화살이 떨어져, 보아하니 죽음이 다가온 것에 지나지 않는 것이다."

이 세상에서 제일 무서운 것이 죽음이지만, 그처럼 무서운 죽음과 맞서 당당할 수 있다면, 그런 사람이야말로 모든 사람의 선망(羨望)의 대상이 될 것이다.

쇼펜하우어 같은 철학자는 염세적(厭世的)이였지만, 막상 유행병이 번지자 제일 먼저 보따리를 싸들고 도망갔다는 이야기가 있다.

참 치졸하기 그지없는 사람이다. 말은 세상 살기가 싫다고 해놓고, 막상 죽음 같은 것이 다가오자, 질겁을 하고 도망쳤으니, 그 모습은 참으로 가관이 아니었겠는가.

지금까지 행복하게 보인다 하여 그 사람을 그렇게 평가할 것이 아니다. 마지막까지 지켜본 후에 그 사람을 평가해야 한다. 그 사이에 잘못이라도 범하면, 그간 벌어 놓았던 것을 다 까먹기 때문이다. 인생의 평가는 죽음까지를 지켜본 후에 내려야 한다.

인생에 대해 소중한 의미를 부여하고, 하루하루를 헛되이 살지 않고, 열심히 준비하여 사는 사람들에겐 죽음은 결코 두려운 것이 아니다. 하루를 잘못 살면 하루를 잘못 소모한 것이 된다는 생각으로 살면, 잘 준비하여 사는 인생이 될 것이다.

노년이란 하루 아침에 갑자기 떨어지는 것이 아니다. 7, 80년의 장구한 세월 중에서도 마지막에 이루어지는 인생 여로(旅路)의 한 구간이다. 인생이란 구불구불하기로는 구절 양장(九折羊腸)과 같고, 복잡하게 얽히기로는 우여곡절 하다 함이 옳을 것이다. 성쇠(盛衰)와 부침(浮沈)을 거듭하며 살다가 마지막에 이르는 세월이 노년이다. 잘못하여 붕괴의 고배를 마시기도 하지만, 잘 한 사람들은 당당하게 입성(入城)하여 황혼의 노을을 시뻘겋게 물들인다. 영광의 월계관을 쓰고 보무(步武)도 당당히 걸으면 만인의 추앙(推仰)을 받는다.

모난 생각은 다 닳아 둥글어지고, 사람이나 사물을 대함이 한결 부드럽고 여유가 있다. 일을 처리함이 원숙하여 잘못 되는 일이 없고, 한 번 시작했다고 하면 그 일에 노년의 명예를 건다. 노년은 인생의 원숙기요 황금기다.

가족들의 중심에 서서 온 가족이 하나가 되게 하고, 손자 손녀가 잘못하면 너그러운 아량으로 고쳐 행하게 한다. 젊은 사람들이 비리와 협잡에 휘말리면 당당하게 꾸짖어 바른 길을 가게 한다. 생각과 행함이 바르고, 부정과 타협함이 없으니, 만인이 따라 행하기에 귀감이 된다. 억울하다고 땅을 치며 우는 자에겐 온유와 사랑으로 다독여 힘을 얻게 한다.

늙었다 하여 기가 죽어서는 안된다. 기가 죽으면 힘이 빠지고 힘이 빠지면 살 의욕이 없어진다. 마지막 순간까지 시종 여일(始終如一) 숨길을 늦추지 않고, 가슴을 펴고 보폭을 넓혀 힘차고 당당하게 살아야 한다.

30 물과 사람

좋은 물을 마시고자 하는 인간의 노력은 부단하게 이어진다. 적어도 물만큼은 1급수를 마셔야 하지만, 물의 급수가 점점 떨어지면 언젠가는 인류 공사(人類共死)의 불행을 겪을 수도 있다.

도처에서 쏟아져 나오는 오폐수는 우리 생명을 위협하는 주범이다. 이런 물들이 강을 오염시키고 또 바다를 오염시킨다. 날마다 이런 물의 위협 속에서 살아야 하니 인간과 물과의 전쟁은 치열하다 해도 과언이 아니다.

생물들이 떼죽음을 당하고, 인간 또한 이런 떼죽음의 지경에 이를 날이 올는지도 모른다. 서서히 조여오는 물의 위협으로 인간의 생명이 언제까지 부지될지 걱정이 크다.

혈액의 83%가 물이고, 세포의 93%가 물로 이루어졌다고 하니, 어떤 물을 마시고 사느냐는 매우 중요한 문제 중의 하나다. 동의 보감에서 허준 선생은 "의원이 약을 다릴 때에는 가장 먼저 생각해야 할 것이 물이다."라고 기록했고, 또 어떤 의학자는 "물만 잘 마셔도 건강할 수 있다."고 할 정도로 몸에 좋은 물을 마셔야 한다고 했다.

물이 이렇게 중요하다 보니, 돈이 많이 들더라도 좋은 물을 마시려는 노력은 계속될 것이다. 물을 잘못 마셨다가 몸에 탈이라도 붙으면 훨씬 더 많은 돈이 들 것이기 때문이다. 물은 생명의 원천이요, 생명 그 자체이다.

온갖 동물들도 물을 마시러 물가로 모여들고, 하찮은 미물(微物)들도 물을 찾아 생명을 무릅쓴다.

지상의 물이 증발하여 하늘로 올라가고, 하늘에서 구름으로 뭉쳐져서 다시 지상으로 비가 되어 내려온다. 가랑비가 되어 내려오기도 하고, 양동이로 퍼붓 듯 폭우가 되어 내려오기도 한다. 비가 퍼붓 듯 내리면 하늘이 째졌다고도 한다. 이재민이 수만명이 되기도 하고, 사망자가 수천 수만에 이르기도 한다.

그래서 옛말에 "불탄 자리는 있어도 물간 자리는 없다." 하였다. 세상에 뭐니 뭐니 해도 물보다 더 무서운 것은 없다.

바닷물이 넓어 끝없이 보이면 호호 망망(浩浩茫茫)하다 하거니와, 그렇게 편안하게 보이던 바다도, 한 번 화가 났다 하면 한 고을을 쓸어버리니, 물의 폭군성에 비할 것이 없다.

그러다가 가뭄이 계속되면 대한 대갈(大旱大渴)을 원망하며 하늘을 쳐다보기도 한다. 물은 너무 많아도 걱정이고, 적어도 걱정이니 물과 더불어 사는 인간의 심사를 알만도 하다. 아무리 그래도 물은 우리에게 가까이 있어 우리를 이롭게 하니, "시부모는 멀리 있는 것이 좋고 물은 가까이 있는 것이 좋다."는 말까지 나왔다.

물의 성질을 간추려 표현하면, 물은 방해물이 없으면 흐르고, 방해물이 가로 막으면 머물러 선다. 그러다가 그 방해물을 치우면 다시 흐르니, 물의 유연함이야 세상 어느 것이 이에 따를 수가 없다. 그것을 담은 용기에 따라 그 형상을 달리한다. 컵에 담으면 컵모양을 하고, 양동이에 담으면 양동이 모양을 한다. 물이 이렇게 유연하게 보여도 이 세상에서 가장 힘센 것이 물이다. 뚝을 밀기도 하고 산처럼 큰 것도 밀어버린다. 큰 도시도 밀어서 그곳에 사는 사람들까지 흔적없이 밀어 버린다.

물은 가만이 있으면 소리가 없지만, 그 위에 바람이 불어 소리를 내게 한다. 계곡에 흐르는 물은 계속 밑으로 흘러 강이 되어 흐른다. 물은 흐르되 그냥 흐르는 것이 아니고 소리내어 흐른다. 물소리를 듣고 있노라면 어느덧 우리의 마음도 물소리를 따라 흐른다. 그 물소리에 파묻히면 억만 시름도 다 달아나고, 소요 속에 고요를 얻는 듯 하여 좋다.

물을 감상하는 데는 방법이 있으니 반드시 그 물결을 보라(觀水有術 心觀其瀾)고 했다. 물결이 없으면 바람이 없고, 물결이 크면 바람도 크다. 물결의 크고 작음을 보고 천기의 조화를 알 수 있고, 바람과 물은 서로 어울려 움직이니, 이놈을 보면 저놈을 알 수 있을 것이다. 조용한 물결에서 마음의 평정을 느끼고, 거세고 힘찬 물결에서 용장(勇壯)한 기개를 느낀다.

공자(孔子)는 쉬지 않고 흐르는 물을, "가는 자 이 같은고 주야를 쉬지 않고."(逝者如斯夫不辭晝夜)라고 읊었다. 이 세상에 흐르지 않는 것이 없으니 돌도 흐르고, 쇠붙이도 흐르고, 사람도 흐른다. 심산(深山)이 있으면 유곡(幽谷)이 있고, 유곡에 묻혀 살면 물소리를 벗하여 산다. 끝없이 이어지는 물소리를 벗하여 살면 세속의 끝없는 번뇌도 씻을 수 있어서 좋다.

물과 관련된 시조 한 수를 읊고 계속하겠다.

구름빛이 조타하나 검기를 자로한다
바람소리 맑다하나 그칠적이 하노매라
조코도 그칠 뉘 없으니 물뿐인가 하노라(尹善道)

水, 石, 松, 竹, 月이 좋다하여 이 다섯을 벗으로 삼아 노래했던 오우가(五友歌)의 저자 윤 선도의 시조다.

구름빛이 좋다고 하나 검기를 자주하고, 바람이 맑다고 하나 그치기를 자주한다. 아무리 해도 물소리는 듣기가 좋고, 그치지 않고 흐르니 이 어찌 좋지 않겠는가?

이 세상에 무르기로는 물보다 더한 것이 없어 다루기에 좋고, 늘 높은 자리를 내어 주고 아래 자리에 만족하니, 세상의 겸손 중에 이보다 더한 겸손도 없다.

아무리 딱딱한 것 위에 떨어져도 떨어지기를 계속하면 구멍을 낸다. 돌도 뚫고 쇠처럼 굳은 것도 뚫으니 세상에 물보다 더 센 것은 없다. 겉으로는 약해 보여도 약하지 않고, 그 약한 것이 강한 것을 눌러 이기니 유승강(柔勝剛)이란 말이 결코 헛말이 아니다.

물 없이는 단 하루도 살 수 없으니 이를 어찌하겠는가. 늘 옆에 있다 하여 경홀(輕忽)히 대할 일이 결코 아니다. 물 없이는 우리 몸의 운위(運爲)는 잠시도 어려울 것이다. 물은 곧 생명이요 생명 그 자체라 함이 옳다. 우리 몸에서 물을 제(除)하여 버리면 뼈 밖에 남는 것이 없다 할 것인즉, 물은 곧 우리 몸이요 우리 몸은 곧 물이라 함이 옳을 것이다.

불원한 세월에 이 지구도 목타는 지구가 되고, 6년 후엔 기후 이재민이 4억여 명에 이른다고 한다. 불원한 시간에 인류 공멸의 날도 오는 것이 아닌가 싶어, 물이 주는 지구의 재앙을 그냥 두고만 볼 일이 아닌가 싶다.

지구 온난화가 주범이라고 하니 차 좀 적게 타고 다니면, 기름도 절약되고 건강도 도모될 것인 즉, 돌 하나로 두 마리의 새를 잡는 일석 이조(一石二鳥)의 덕을 누리는 것이 될 것이다.

어느 지인의 집안의 벽에 “해불 양수”(海不讓水)라는 글귀가 붙어 있었다. 어느 분이 액자에 넣어 선물한 것이지만 그 뜻을 모른다고 했다. “바다는 들어오는 물을 밀어내지 않고 다 받아들인다”는 뜻이라고 설명해 주었더니 참 좋은 글귀라고 했다.

바다에 들어오는 물 중에 별의별 놈의 물이 다 들어온다. 온갖 고약한 냄새의 오수(汚水)들이 쉼없이 들어오지만 조금의 내색도 없이 다 받아들인다. 받아들인 것을 다시 맑고 푸른 것으로 만들어 내니, 바다는 수용(收容)의 대가요 호호 양양(浩浩洋洋)의 대가라 할 수 있다.

이 세상의 선(善) 중에 물보다 더한 것이 없다하여 상선 약수(上善若水)라는 말로 표현하기도 한다. 물은 유동함이 자유자재인지라(水無常形) 어느 것에도 잘 융통하여 대한다. 아무리 높은 자리에 있다 해도 그 자리를 피하여 아래 자리에 만족하니 이보다 더한 겸양의 덕은 없다.(避高處下) 나가고 물러섬에 절도가 있어서,(進退有節) 나가야 한다고 판단될 때는 빨리 움직여 나가고, 가다가 길이 막힌다고 생각되면 서슴없이 물러선다. 과히 물은 선 중에서도 상선(上善)에 속한다 함이 옳을 것이다. 물의 속성을 따라 행하면 과히 만능자가 되어 만인의 추앙을 받을 것이다.

물은 무색, 무미, 무취의 물질이지만, 물과 사람과의 관계는 불가분의 관계를 갖는다. 물은 생명에 필요한 것일 뿐만 아니라 바로 생명 그 자체다. 물은 관능(官能)으로는 설명할 수 없는 미각과 쾌감을 우리에게 줄 뿐만 아니라, 목말라 죽는 비극을 피할 수 있게 하니 이보다 더 큰 은혜는 없을 것이다. 물의 소중함을 잘 알아서, 늘 아끼고 깨끗이 사용함이 인류 공멸을 막는 길이 될 것이 아니겠는가.

31 우공(牛公)의 덕(德)

나는 농촌에서 태어난지라 부모님을 도와 농사일도 많이 했다. 이앙기(移秧期)에는 논에 나가 모도 심고, 추수기에는 벼를 베거나 무거운 볏단을 지게로 나르기도 했다. 그 외의 자질구레한 일을 많이 해서 농촌 일에는 그렇게 서툴지가 않다.

부모님도 어려울 때만 조금씩 도와주기를 바랄뿐, 농부가 되어 농촌에 주저앉기를 바라지는 않으셨다. 농사일을 자식들에게 대물림하기를 싫어하셨던지, 책상 머리에 앉아 있으면 아무리 바빠도 일을 시키시는 일은 없었다. 아주 어려울 때이면 눈치껏 잘 움직여 그 분들을 조금씩 도와드린 것 뿐이다. 그리고 내가 하는 일은 정교하지도 못해서 뒷손질을 다시 해야 할 정도로 엉성하기 그지 없었다.

자질구레한 일은 가끔 손대기는 했어도 소와 관련된 일은 거의 하지 않았다. 특히 소를 논밭으로 끌고나가 쟁기질 같은 것을 한 적은 더더구나 없다. 처음 소를 길들여야 할 때는 한 사람은 앞에서 소를 끌고, 다른 한 사람은 뒤에서 쟁기를 운전하는 일을 해야 한다. 이 일이 아무나 할 것처럼 보여도 결코 그렇게 쉬운 일은 아니다. 그런 일을 나에게 시키는 일은 천부당 만부당하게 여기셨다. 소의 코뚜레를 잡고 앞에서 끌어주어 소를 길들이는 일만큼 어려운 일은 없다.

더군다나 자기보다 체구가 작은 나에게 코뚜레를 잡혀주는 일은 소의 자존심을 건드리는 일이어서 결코 허락할 것 같지가 않았다. 나 역시 소를 휘어잡을 수 있을 만큼 능력이 있거나 야무지지도 못했다. 소 앞에 서는 일은 한없이 무섭고 힘든 일이었다. 덩치가 작다 하여 얕보고 밀어버리기라도 하면 큰일이고, 잘못하여 넘어져서 소의 발길에 밟히기라도 하면 어찌하겠는가.

소를 길들을 때에는 고삐풀린 망아지처럼 길들이기가 힘들다. 밖으로 내놓았다 하면 자유 분방하기 이를 데 없어서 사방으로 치달아 사고치기가 일쑤다. 이런 놈을 논밭으로 내몰아 조금씩 길들이기 시작하지만 쉬운 일이 아니다. 처음에는 구불구불하던 이랑도 얼마 후에는 반듯하고 긴 이랑이 된다. 이게 곧 주인과 소가 만들어내는 아름다운 창조적 예술이기도 하다.

아버님은 소 여물을 쑤는 일은 나에게 맡기시지 않으시고, 손수 하셨다. 여물은 볏짚만으로 쑤어지는 것이 아니고 여러 가지 곡물과 다른 것을 잘 배합하여 쑤어지는 것이기 때문이다. 내가 고작 할 수 있는 일이라고는 여물 솥에 불을 지펴 여물을 익히는 일이었다. 여물 솥에 불을 지피면서 불 앞에 앉아 새어나오는 불빛으로 부족한 공부를 익히기도 했다. 생각해 보면 그래도 그 시간이 참 평화롭고 행복한 시간이었던 것 같다.

아버님이 꼭 나에게 맡기셨던 일 중의 하나는, 소를 끌고 나가 풀을 뜯기는 일이었다. 그 일은 내가 하는 일 중에 가장 잘하는 일이었다. 그냥 소의 고삐만 잡고 풀이 좋은 곳으로 인도만 하면 되는 일이었기 때문이다.

이렇게 하기를 계속하다 보니 소도 나를 경계하지 않고 나 역시 그를 경계하지 않게 되었다. 만에 하나 잘못하여 앞에 서

있는 나를 그의 예리한 뿔로 받아버리기라도 하면 어찌 하겠는가? 그래서 늘 일정한 거리를 유지해야 하지만, 이제는 서로 믿는 사이가 되어 경계심 같은 것은 없다.

소의 몸에 붙어 피를 빨아 먹는 쇠파리나 진드기도 떼어주고, 소의 엉덩이에 떡처럼 붙어 있는 쇠똥을 떼어주기도 하고, 소가 가렵지 않도록 소의 털을 빗으로 빗겨 주기도 하니, 소와 나와의 사이는 점점 더 가까워져서 서로가 친구처럼 느껴지는 사이가 되었다.

소에게 풀을 뜯기는 시간보다 더 좋은 시간은 없다. 소가 주린 배를 채우는 시간이어서 좋고, 나 역시 자유 만세의 시간이어서 좋다. 광활한 대자연 속에서 소의 고삐만 잡아주면 되니, 그 외의 어떤 것에도 매이지 않는 자연 속의 완전한 자연인이 된다. 이놈이 도망가면 어쩌나 하여 늘 고삐를 붙잡고 있지만, 풀을 뜯느라 정신이 없어 아예 도망갈 생각일랑 하지 않는다.

저놈은 늘 다리에 힘이 넘치는 놈이어서 언제 어떤 일이 일어날지는 아무도 모른다. 한 번쯤은 튀고 싶은 충동이 일어날 수도 있어서 늘 그것을 경계해야 한다. 그러다가 잘못되면 소를 잃는 불운을 겪기도 한다.

소에게 풀을 뜯기는 시간은 늘 햇빛이 뉘엿뉘엿한 석양이어서 더위 때문에 고생하는 시간이 아니다. 때로는 잔디 위에 누워 유유한 구름에 마음을 실어 보내기도 한다. 가벼운 읽을거리를 가지고 나서면 어지간한 것은 읽어 치우기에 좋은 시간이 된다.

고추잠자리들이 물 치듯 하늘에 날고, 제비떼가 곡예(曲藝)를 하며 하늘을 난다. 그만 먹고 집으로 가자고 아무리 고삐를 끌어 당겨도 말을 듣지 않는다. 날이 어두어진다고 성화를 부려도 맛있는 풀을 만나면 전혀 무가내하(無可奈何)다.

석양에 풍경 소리를 내며 소를 몰고 들어오는 모습은 농촌 풍경의 백미(白眉)다. 배가 터질만큼 배불리 먹은데다 워낭 소리를 내며 들어오니, 마치 개선 장군의 당당한 모습이나 다름이 없다.

달 아래 호박꽃이 환한 저녁이면, 군색하지 않는 넓은 마당에 모깃불이 피워진다. 그 옆에 깔린 멍석 위에서 보리밥, 된장국, 풋고추, 풋김치... 등 온갖 여름의 푸성귀가 저녁 밥상을 풍성하게 한다.

소란 놈은 어떻게 사랑 행위를 하는지는 한 번도 본 적이 없다. 몸집이 크니 그 행위도 재미있고 요란스럽게 하는지는 모르겠다. 코뚜레가 꿰어 있는지라 주인에게 끌려가 주인이 시키는대로 하는 것인지, 아니면 이 일만큼은 자기의 욕정대로 신나게 하는 것인지는 알 길이 없다. 그러다가 새끼를 배고 시간이 흘러 새끼를 날 때가 되면 외양간에 새짚을 깔아주어 새끼를 낳게 한다.

한 세대가 가면 다음 세대가 오고, 이렇게 해서 우리집에도 소의 대(代)이음은 계속해서 이루어졌다. 새끼가 커서 어미가 되면 어미는 팔려나가 도살장으로 끌러가고, 도살장에서 망치로 때려 뉘이면 그것으로 소의 일생은 끝난다.

이상(李箱)과 같은 작가는 소의 반추(反芻)를 지상 최대의 권태라고 했다. "얼마나 권태가 질렸기에 이미 위에 들어간 음식을 다시 게워 그 시금털털한 반소화물의 미각을 역설적으로 향락하는 체 해 보임이리오? 소의 체구가 크면 클수록 그의 권태도 크고 슬프다."라고 썼다.

외양간에 홀로 누워 밤이 깊도록 삭임질을 하는 양은 지난 일을 곰곰이 생각하는 성자의 모습과도 같다. "소 닭 보듯 한다."는 말이 있듯이, 닭이 옆에 와서 다리에 붙은 진드기를 잡아주고, 코나 입 속에 있는 것을 파내어 먹어도 그냥 무관심이다. 그저 먼 데를 바라볼 뿐이지, 마음은 깊은 심연 속으로 향하는 듯 하다. 논밭을 갈다가 수없이 많은 고난의 시간을 기억으로 더듬고 있는 것인지, 아니면 쟁기나 달구지를 끌다가 주인에게 호된 채찍을 당했던 기억을 반추하고 있는 것인지.

일생을 주인에게 끌려 힘들게 살아도 불평 한 마디 없다. 충직을 지상 명령으로 삼고 살아가는 자기 자신에 대한 만족과 회한(悔恨)의 반추를 계속하고 있는지도 모른다.

세월에 밀리다 보니 쟁기나 달구지는 이젠 없어졌고, 경운기가 굉음을 울리며 논밭을 누비는 세상이 되었다. 소가 하는 일은 종래에는 사람들의 미각을 돗구는 신세밖에 되지 못하지만, 미각의 제물로 바쳐지는 살신(殺身)의 덕은 어찌 해석해야 좋을지 모르겠다.

한 번 화가 났다 하면 눈을 부릅뜨고, 뿔이 부러지는지, 머리가 부숴지는지도 모르고 덤빈다. 이는 마치 전쟁터에서 포효(咆哮)하는 천하 대장군의 모습과도 흡사하다.

소에게서는 간교함은 찾을 수 없고, 언제 보아도 믿음직한 그 모습이다. 걸음걸이는 성자의 걸음만큼이나 늘 점잔하고 신중하다. 정중하기가 산과 같고(鄭重如山), 천리를 가도 변함없는 우보 천리(牛步千里)의 바로 그것이다.

새끼를 낳게 되면 쉼없이 핥아서 어미와 새끼 간의 정을 나눈다 하여 이를 지독지정(舐犢之情)이라 하거니와, 정이 두터움은 동물이라 하여 얕잡아 볼 일이 결코 아니다. 새끼가 옆에 보이지 않으면 "음메"를 연발하여 기어코 찾아낸다. 소의 모자가 누리는 재회(再會)의 기쁨은 사람이 누리는 기쁨보다 결코 못하지 않다.

옛말에 "소가 밟아도 깨지지 않는다."(牛踏不破)는 말은 사물의 견고함을 나타내는 말이다. 소는 원래 몸집이 커서 소가 밟으면 어지간한 것은 다 깨지고 만다. 소가 밟아도 깨지지 않는 물건이 되어 있기를 바라는 마음에서 한 말이다. 말을 할 때 곧 깨질 말을 해서는 안되고, 믿음을 줄 때 곧 깨어질 믿음을 주어서도 안된다.

세상의 동물 중에 사람을 도와 일하는 동물은 소 밖에 없고, 모두 제 각기 자유 분방하게 먹고 살기를 택하여 산다. 하루 종일 목에 멍에를 얹고, 사래 긴 비탈 밭을 갈아도 묵종으로 행하니, 아무리 사바 세계의 참는 도를 잘 닦았다 해도 이럴 수는 없을 것이다.

주인을 위하여 일하다 등이 벗겨지고, 기운이 다해 지칠대로 지쳐도 한 마디의 불평도 없다. 하루밤의 휴식으로 다음날도 그 다음날도... 이렇게 끝없는 생의 질주는 이어진다. 그러다가 마지막엔 푸줏간으로 끌려가 살과 피를 사람들에게 바치고 죽는다. 어느 성자가 몸을 바쳐 중생 구원의 길을 튼 것과 같은, 그야말로 성자의 극치를 보는 듯 하지만, 무겁고 쓸쓸한 감회는 측량할 길이 없다. 우공의 덕이 이렇게 크니 그 덕을 어떻게 기려야 할지 그저 막막할 따름이다.

32 무서운 아이들

어느 봄날 초저녁에 여느 때와 마찬가지로 공원 트랙을 산책하고 있었다. 갑자기 공원 안이 시끄러워져서, 그 쪽을 향해 보니 10여 명의 여학생들의 무리가 밀가루 같은 것을 뿌리는 것 같았다. 그러자 공원 길이 밀가루로 막혀 그 속을 뚫고 나가기가 힘들었다. 잘못하다간 밀가루 세례를 받을 것 같은 생각이 들었다. 그래서 하는 수 없이 가던 길의 방향을 틀어 다른 데로 가야 했다.

그런데 가까이 가서 보니 한 여학생이 표적이 되어 있었다. 그 학생들의 크기로 보아 중학생은 분명 아닌 것 같고, 고등학교에 다니는 학생들 같았다. 그 애는 머리로부터 온 몸이 밀가루 범벅이 되어, 그놈들에게 둘러쌓인 채 땅바닥에 주저앉아, 그들이 하는 대로 그 어려움을 당하고 있었다.

더 가까이 가서 보니 그야말로 속수 무책으로 당하고만 있었다. 어떤 애들은 그 애의 옆구리를 힘껏 발로 차기도 하고, 다른 애는 등을 차기도 하는 등 샌드백이 무색할 만큼 그들의 분풀이의 과녁이 되어 있었다. 어찌나 힘차게 발길질을 하던지 잘못하다간 장 파열이나, 아니면 얼굴이나 다른 부위가 타박상 같은 것을 입을 것 같은 생각이 들었다.

어찌나 삽시에 일어난 일이던지, 나처럼 둔감한 사람은 어떻게 대처해야 할지 가늠이 서지 않았다. 그러나 그런 일을 외면할 수도 없고 해서, 하는 수 없이 그들에게 다가가 이야기하기로 결심을 했다.

다짜고짜 큰 소리로, "야, 너희들 이게 무슨 짓들이냐? 보아하니 너희들 고등학교에 다니는 놈들 같은데, 학교에서 이렇게 가르쳤느냐? 잘못하다가 이 애가 죽기라도 하면 어떻게 하겠느냐? 이 애가 죽으면 너희들 책임질 수 있겠느냐? 이 애가 죽으면 너희들은 살 수 있을 것 같으냐?"라고 했다. 그야말로 육두문자(肉頭文字)지만 그 상황에선 다른 도리가 없었다. 그랬더니 그 중 한 놈이 "우리들은 장난으로 하는데, 아저씨가 왜 참견이에요? 아저씨하고 우리들 하고는 다르잖아요."라고 했다. "저 애의 모습을 보아라, 저게 장난으로 하는 짓이냐? 저 애 부모가 저 모습을 보면 어떻게 생각하겠느냐? 너희들 역지 사지(易地思之)란 말을 알지? 너희들이 저 모습이 되어 당한다면 어떻게 하겠느냐? 저 애가 무슨 잘못을 해서 저런 수모와 고통을 당하는지는 모르겠지만, 아무리 잘못했다 해도, 어찌 저렇게 당할 수가 있겠느냐? 같은 급우면 더욱 그렇지 않느냐? 세상에 급우보다 더 좋은 사이가 어디 있느냐? 서로의 잘못을 이해하고 서로 도와주면서 살면 얼마나 좋겠느냐?"

이런 이야기 정도로 그들의 발호(跋扈)하는 기세를 꺾을 수가 없었다. 그런데 이상스럽게도 아무 말이 없었다. "그래도 화풀이가 안됐으면 다른 데로 끌고 가서 이 애를 죽이던지 알아서 해라. 그리고 그 뒤의 책임은 너희들이 져라. 경찰서에 지금 당장 연락을 해서 너희들을 어떻게 해버릴 수도 있지만 나는 그럴 생각은 조금도 없다. 이곳은 공원이다. 수많은 사람들이 공동으로 이용하는 공공의 장소다. 분풀이가 아직도 덜 되었으면 다른 곳으로 끌고 가서 너희들 마음대로 해라."라고 말하고 나는 다시 공원 트랙을 돌기 시작했다.

얼마나 흥분했던지 전후를 가리지 않고 두서없이 해댔다. 내가 무서웠던지, 아니면 이대로 그냥 놔둘 것 같지 않은 낌새를 느꼈는지는 모른다. 논리성도 전혀 없고, 흥분해서 나온 내 말에서 무슨 감화같은 것을 느낀 것 같지는 않다.

난데없이 경찰서 이야기가 나오고, 잘못하다가 죽기라도 하면 너희들은 무사할 수 있을 것 같으냐는 나의 초강수에 질렸는지, 그들은 모두 풀이 죽어 돌아가는 것 같았다. 어떤 애는 당한 애와 팔짱을 끼고 가고, 다른 애는 그 애의 어깨를 어루만지며 돌아가는 것이 보였다. 이것으로 그날 밤 일이 잘 마무리되었는지는 모르겠다.

원래 나는 다혈질은 아닌 것 같지만, 나이 탓인지 잘못된 일을 보면 영 참기가 어렵다. 늙은 말년에 이런 꼴 보지 않고 살면 되지만, 세상은 점점 더 가혹해져서 살기가 힘든 것 같다.

내가 능력이 있는 사람이었다면 더 부드럽고 품위있는 말로 그들을 감동시켰을 것이지만, 그러지 못하고, 당황하고 성낸 모습을 보인 것에 크게 내 자신을 탄할 따름이다.

상대가 여학생들이었으니까 망정이지 남학생들이었다면 테러를 당했을는지도 모른다. 무지 막지(無知莫知)한 놈들에겐 칠십 노구의 할애비는 눈에도 보이지 않았을는지도 모른다.

공원 안의 다른 분들은 오불 관언(吾不關焉)이었지만, 유독 나만 나서서 그렇게 했던 것에 무모하다기 보다는, 아직도 살아 있는 사람의 기개 같은 것을 느낀다. 옛날에는 교육자였고 지금은 아들 손자들을 키운 아버지요, 할애비여서 잘못을 그냥 보고 넘길 수가 없다.

그날 밤 나는 소위 말하는 왕따라는 것을 목격했다. 세상이 악하다 보니 그 속에 사는 애들도 악해졌다. 악하다기 보다는 포악해졌다고 함이 옳을 것이다. 그들이 행한 발길질은 잘못하다간 사람을 죽이고도 남을 그런 정도의 극악한 짓이었다. 여자가 아니고 악마의 화신들이 하는 짓 같았다. 동생 아벨을 죽인 카인의 피가 그들의 혈관 속에 아직도 흐르고 있어서 그러는 것일까.

사람이 악해지면 남에게 피해를 주고도 기뻐하는 것 같다. 그러다가 그 일에 길들여지면 그 일이 나쁜 줄도 모르고 행한다. 감옥문이 깊이 닫혀있어도 영원히 닫혀있지 않는 것은, 두드리는 사람들이 있기 때문이다.(獄門深閉有人敲)

사람들은 어두운 곳에서는 별의별 생각을 하며 산다. 교복을 입고 천사처럼 아름답던 놈들이, 같은 반의 친구를 끌고 나와 그런 짓을 한다.

사람은 어디까지가 사람이고, 어디까지가 악마인지 모를 때가 있다. 그들 마음 속의 어디에서 천사가 시작되고, 어디에서 악마가 시작되는지 모를 정도로 이중성을 가지고 살아간다.

큰길은 평평하게 열려 있어도 그 길로 가는 이가 없다(大道平開無人走) 하였다. 넓고 밝은 길을 놔두고, 왜 좁고 어두운 길로 들어가는지 알 길이 없다.

나도 어찌보면 저들과 같은 사람들 중의 한 사람인지도 모른다. 조금만 잘못 건드려도 언제 어떻게 악마의 근성으로 표변될지 모르기 때문이다. 그러나 용케도 잘 버티어온 것은 악마의 미혹에 빠지지 않고 간신히 살아온 때문일 것이다.

판도라의 상자라는 것이 있다. 그리스 신화에 나오는 이야기다. 제우스 신이 이 세상에서 가장 먼저 만들어 낸 여자가 판도라라는 여자였다. 하늘의 불을 훔쳐낸 프로메테우스를 벌주기 위해서 이 여인을 만들었다. 제우스 신은 판도라에게 인생의 모든 죄악을 싸서 상자 속에 넣어주며 절대 열어보지 말라고 했다. 그 상자가 곧 판도라의 상자라는 것이다. 그 상자를 받고 나니 열어보고 싶은 호기심이 동하여 견딜 수가 없었다. 그래서 하는 수 없이 그 상자를 열어보게 되었다. 그런데 그 상자를 여는 순간 상자 속의 모든 악과 재앙이 일시에 쏟아져 나왔다. 겁에 질린 나머지, 그 상자의 뚜껑을 갑자기 닫는 바람에, 아직 나오지 못한 희망만이 그 속에 갇히게 되었다는 이야기가 곧 판도라 상자의 이야기다.

희망이 먼저 나오고 죄와 재앙이 갇히게 되었더라면, 이 세상은 훨씬 더 살기 좋은 세상이 되었을 것이다. 그러지 못하고 악하게 된 이 세상에 회한(悔恨)의 감회가 크지만 어찌할 도리가 없다.

세상이 어지러워 살기 힘든데, 학교에까지 무서운 아이들이 많이 생겨, 요즘 선생님들이 고생깨나 하는 것 같다. 세상은 느끼는 자의 것이라고 하지만, 아무리 잘 봐줘도 더 잘 봐줄 수가 없다. 이런 잘못된 일들이 소성(素性)처럼 굳어지면, 먼 훗날 이들이 낳은 후예들이 어떻게 될지 걱정도 된다. 선은 선순환 하고 악은 악순환 한다고 하니, 이보다 더 무서울 일이 어디 있겠는가?

한 방울 한 방울이 모여 물통을 가득 채우듯, 한 방울씩 떨어지는 물방울이 바위에 큰 구멍을 낸다. 조그마한 어리석음이 계속 쌓이면 큰 죄악이 되듯, 작은 것에 조금씩 길을 내주면, 종래에는 큰 것에 길 내 주는 결과가 된다. 처음부터 작은 것을 경계하며 살면, 호미로 막을 것을 가래로 막는 우를 범하지는 않을 것이다.

33 6월 15일 맑음

오늘도 여느 때와 다름없이 일찍 일어났다. 거의 한평생을 이렇게 하다 보니 그 시간에 일어나는 일은 그렇게 어렵지가 않다. 겨울철에도 그렇게 해온지라 사철의 변화에도 별로 어려움이 없다.

겨울철 아침 5시면 칠흑같이 어둡지만, 6월 중순인 지금은 동이 트여 오는 시간이다. 동녘 하늘의 샛별이 빛이 바래, 조금만 더 있으면 아침 햇살에 묻힐 것이다.

내 이렇게 아침 일찍 일어나는 일에 힘을 쓰다 보니 현재의 건강을 유지하며 산다. 평생 건강을 유지하며 사는 일이 결코 쉬운 일이 아니다.

어떤 때는 몸이 천근만근 무겁지만 이를 무릅쓰고 일어난다. 이렇게 일찍 일어나 움직이지 않으면 그날 하루는 온종일 몸이 납덩이처럼 무겁다. 아름다움은 결코 그냥 오는 것이 아니다. 아름다움 뒤에는 쓰라림을 극복한 아픔의 역사가 꼭 서려 있는 법이다.

연기자는 다른 사람들이 써준 글을 그대로 외워서 앵무새처럼 말하는 사람들이다. 남의 말이지만 계속 말하다 보면 언젠가는 자기도 모르게 그 말처럼 되어버린다. 선한 역을 계속하게 되면 은연 중에 선한 사람이 된다.

내가 이렇게 하루를 시작하다 보니, 힘들지만 선한 연기자처럼, 건강을 얻어 산다.

사람들은 직장에 나가 일하고 집에 돌아와 휴식을 취하고, 그 다음날 또 직장에 나가 일한다. 그러고 보면 인생은 반복의 연속 속에서 이루어진다. 그러나 깊이 들여다보면 일 중에 똑같은 일은 하나도 없다. 늘 다른 일의 연속 속에서 우리의 생활은 이루어진다.

일이 다르다 보니 일마다 새로운 생각과 각오가 일에 활력을 준다. 때로는 큰 감동적인 일도 있어서 우리를 크게 변화시키기도 한다.

모든 사람이 살아가면서 아무런 고민이나 어려움이 없이 사는 사람은 없다. 겉으로는 그렇게 보여도 다 고민이 있고 어려운 일의 연속 속에서 산다. 고민 없이 사는 사람이 있다면 그 사람은 생활이 없는 사람이다. 우리의 생활이 어려움이나 고민이 없으면 사는 맛이나 즐거움도 없을 것이다.

퇴임 후에 거의 집에서 칩거하며 보내니 편하고 고민 없이 사는 사람처럼 보일 것이다. 하지만 글 쓰는 순간에도 이런 저런 생각들이 밀고 들어와 글 쓰는 일을 방해할 때가 있다. 글이 꼭 편안함의 소산이 아니고 지독하리만큼 무서운 고뇌의 소산이다.

바이런 같은 이름난 시인도, "인간이여, 너는 미소와 눈물 사이를 왕복하는 시계의 반추다."라고 말했다. 늘 미소 속에 살 수도 없고, 늘 눈물 속에 살 수도 없다. 눈물과 미소를 거듭하며 사는 것이 인생이다.

이렇게 반복되는 생활 속에서 조금씩 변하지 않으면 사는 재미가 없다. 남편이 마음에 안들면 내가 먼저 변하기를 힘쓰고, 내가 먼저 나를 바꾸어 보면 남편이 내 편이 되어 나타나기도 한다.

행운은 그냥 오는 것이 아니고, 노력하지 않는 자에게는 결코 오지 않는다. 게으른 자들은 행운을 기다리지만, 그가 게으른 것을 알면 왔다가도 도로 도망친다. 아침에 일찍 일어나지 않는 자에게까지 건강의 축복은 없다.

오늘이 6월 15일인데도 아직은 매미 소리가 들리지 않는다. 조금만 더 지나면 이놈들이 도심의 내 창가에까지 날아와 한참을 울다가 갈 것이다. 여름 이맘 때가 되면 기다려지는 정다운 과객(過客)중의 하나다.

나무들은 수액을 많이 빨아들인 탓인지 모두가 싱싱하고 푸르다. 동백은 하필 추운 겨울을 골라 꽃을 피워올려 겨울을 빛낸다. 그래서 동백을 겨울의 신사(寒士)라고 하여 극찬하기도 한다. 지금은 6월, 꽃피기에 좋은 절기인지 온갖 꽃들이 다투어 피어(爭發) 요염(妖艶)한 자태를 자랑한다.

이름 모를 새들도 날아들어 온갖 교태와 희롱거림으로 짝을 지어 노닌다. 어떤 것은 비조(悲調)를 띄어 울지만, 짝을 잃으면 그렇게 울어 듣는 이의 마음을 슬프게 한다.

덥다 싶으면 냉수를 한 통 끼얹어 더위를 식히면 되지만, 아직은 그럴 만큼 덥지가 않다. 밖에 나가 볼 일이 없어서, 하루를 집에서 이런저런 한상(閑想)에 젖어 보낸다. 그런대로 의미있고 좋은 시간이었던 것 같다.

사람이 받는 복 중에 청복(淸福)이라는 게 있다. 한적(閑寂)에 묻혀 산지도 어언 십여 년에 이르니 이런 생활에 조금의 불편도 없다. 인생 말년이 되니 가진 것도 거의 다 떨어지고 남은 것으로 겨우 버티며 산다. 욕심부리지 않고 맑고 소박하게 사는 데서 지족(知足)을 느끼며 사니 이런 복이면 청복이 아니겠는가.

나는 새도 떨어뜨리는 만인지상(萬人之上)의 권세로 살면, 자기 뜻대로 못할 일이 없을 것이다. 이런 복을 일러 열복(熱福)이라 한다지만 내 이런 복을 누릴 팔자는 결코 아니어서 이런 생각을 접고 산다.

족한데도 부족하다 느끼면 언제나 부족하고, 부족해도 만족하다 느끼면 남음이 있어 좋다.

나의 지금의 처지에 만족하며 사니 세상에 부러울 것이 없다. 남에겐 아무리 부족하게 보여도 나만 만족하며 살면 이게 곧 지족 안분(知足安分)이 아닌가.

조금만 더 지나면 여름의 열기가 밀려와 한없이 괴롭힐 것이다. 에어컨까지를 틀 것도 없이 손바닥만한 하선(夏扇)을 벗삼아 살아도, 내 부러울 것이 없으니, 세상에 이보다 더한 복이 없다.

이런 저런 생각을 하다 보니 오늘 하루도 이렇게 갔다. 이것을 글 귀로 남기니 그 기쁨 또한 크니 감사할 일이다.

34 퇴직한 교수들

오늘은 모임에 가는 날이다. 퇴직한 교수들이 모이는 날이다. 한 달에 한 번씩 모이는지라 그 사이에 몰라 보게 변한 사람은 없다. 이 모임이 시작된 지 10수 년에 이르지만 그간 4,5 명이 세월의 덫을 이기지 못해 갔다. 지금 남아 있는 사람들 중에 죽을 병에 걸린 사람은 없는 것 같다. 물론 나이가 들어 한 두 가지의 병은 다 있어서 이를 이겨내며 살고 있다.

가는 길은 나이 순으로 가는 것은 아니지만, 그래도 나이가 많으면 먼저 갈 확률이 크다. 한 가정에도 장유 유서(長幼有序)가 있듯이, 이 모임에도 층층으로 차례가 있어 서로에 대한 예의가 각별하다. 몇 사람이 먼저 가는가 싶더니, 그 뒤에 몇 사람이 들어와 모임의 숫자는 그대로다. 모두가 말년 대비를 잘한 탓인지, 의식(衣食)에 궁한 사람은 없는 것 같다. 다달이 나라에서 주는 연금으로 살고, 조금씩 저축하여 산지라, 여족(餘足)하지는 못해도 잘들 살아가는 것 같다.

건강은 무가지보(無價之寶)라는 말이 있다. 건강보다 더한 보배가 없다는 말이다. 잘못하여 건강을 잃으면 조금 남은 돈도 다 까먹고 간다. 모두가 몸 가꾸기를 하늘처럼 높이 여기며 산다.

탐심(貪心)이 없이 살면 그것이 곧 부자(富者)라 하였듯이

(無慾者富), 부질없이 불의한 재물에 욕심부리지 않고, 정직하게 산지라 말년 생활에 조금의 부끄러움도 없이 산다.

옛말에 "불의한 채 부귀를 누리는 것은 뜬 구름을 잡는 것과 같다."(不義而富且貴 於我如浮雲)는 말이 있다. 쓰다가 모자라면 하늘 쳐다보며 살아도, 부정한 재물에 손을 대는 일이 없이 산지라 지금은 모두 행복하다.

나올 때는 주먹을 쥐고 나오지만, 갈 때는 주먹을 펴고 간다. 무소유(無所有)라는 말은, 아무 것도 소유하지 않는 것이 아니요, 꼭 필요한 것만을 소유하는 것을 말한다. 그러나 갈 때는 필요한 것마저 다 내놓고 빈손으로 간다. 수의 한 벌로 몸을 감싸고 가지만 수의에는 주머니도 없다. 공수래(空手來)하였으니 공수거(空手去)하라는 뜻일 것이다.

여기 모인 이 사람들은 교육에 평생을 바치며 산 사람들이라, 융통성도 없고 고지식하기 이를데 없다. 자존심이 어찌나 강하던지, 명예와 인격이 손상당하면 분을 삭이지 못하고 덤벼든다. 그러나 노수(老壽)에 접어든지 오래라, 힘을 쓰고자 해도 힘이 없고, 기염을 토하고자 해도 힘이 없다. 옛날의 당당하던 기세도 사라진지 오래고, 이젠 빛바랜 실루엣처럼 희미하다.

세상의 모든 문제 중에 자기 문제보다 더 어려운 문제는 없다. 자기를 바르게 하지 않는 자가 남을 어찌 바르게 하며, 자기 문제가 어렵다 하여 이를 놔두고 남의 문제를 다스리려 하면, 그들인들 어찌 따라오려 하겠는가.

여기 모인 사람들은 타인의 귀감이 되어 살았고, 옛날에 쌓은 덕이 후광(後光)이 되어 많은 사람들로부터 사랑과 존경을 받으며 산다. 아무리 늙었어도 저물어가는 노을이 아름다운 것에 자부심과 긍지를 느끼며 산다.

늙으면 잔소리가 많지만 잔소리로 분위기를 흐리는 일은 거의 없다. 잔소리다 싶으면 스스로 자제하고, 어지간한 것은 서로의 처지를 잘 아는지라 눈치 빠르게 처신하고, 말은 어눌(語訥)해도 말 속에 질서가 있다. 짧은 말 속에 지혜가 있다 하였으니, 굳이 긴 말을 하여 말자랑하려 하지 않는다.

늙으면 옷매무새가 추레하지만 모두 다 말쑥하게 차려입고 나온다. 늘 입던 옷을 그대로 입고 나오는 사람은 없다. 얼굴엔 노태가 끼어 있지만, 미안수를 발라 문지른 탓인지 윤기가 흐른다.

점심 식사가 그날 모임의 하이라이트다. 점심이 부실하면 그날 모임이 부실한 것처럼 느껴진다. 아직도 식성은 왕성하여 밥을 남기는 사람은 거의 없다. 집에서 노처(老妻)가 차려주는 소찬(素饌)에 신물이 났는지, 밥상 앞에선 눈알이 번득인다. 젓가락의 움직임이 빠르고, 손놀림이 민첩하기로는 이보다 더 할 수가 없다.

옛날 젊었을 때는 두주 불사(斗酒不辭)였지만 지금이야 어디 그런가. 모처럼만에 기분이라도 한 번 내보고 싶지만 이제는 몸이 들어주지 않는다. 그래도 기분은 살아 있어 유주 강산(有酒江山)은 금수 강산이요(錦繡江山), 무주 강산(無酒江山)은 적막 강산(寂寞江山)이라는 넋두리로 혀 짧은 소리를 냄직도 하지만, 시종 여일(始終如一) 꼿꼿한 자세를 견지한다. 가끔 가다가 음담패설(淫談悖說)이 있기는 해도 몸이 말을 듣지 않으니 허사(虛辭)가 아닌가. 곱게 늙고 곱게 살려는 노력은 끊임없이 이어진다.

세월에 밀려 오늘에 이르렀지만, 남은 세월도 정도(正道)와 정심(正心)으로 부끄럼없이 살려고 한다. 큰 강물일수록 조용히 흐르고(大河無聲), 아침에 일찍 일어날수록 건강에 좋다 하였다.(早早益善) 노인들이야 새벽잠이 없으니 괜한 소리 한 것 같지만, 이불 속에서 오래 꾸무럭거릴 일이 결코 아니다. 불끈 일어나 창문을 열고 집안 청소라도 하면 훨씬 더 건강에 좋을 것이다.

몸은 가혹하게 다뤄야 나에게 충직한 종이 되지만, 몸을 편하게 놓아주면 되레 나를 얕보고 역공을 편다. 아파서 자리에 누워 있으면 가족 모두가 싫어하고, 집안의 천덕꾸러기가 된다. 정정(亭亭)하게 살다가 밤새 연고로 가면 하늘과 땅의 축복을 얻어 살았다 할 것이다. 죽는 날까지 건강하게 살다 가기를 기원한다.

나이 순으로 건강 체험담을 말하기로 서로 약속을 했다. 이는 모두가 건강하게 살자 함이요, 사는 날까지 즐겁게 향수(享壽)하고자 함이다. 내 차례가 되면 나도 무엇인가를 말해야 하지만 아직은 생각해 놓은 것이 없다. 내가 가지고 있는 것은 평범 무비한 것이어서 내놓을 만한 것이 못된다. 10여 분 정도만 말하면 되니, 크게 어려울 게 없을 것 같지만, 말로 하라하면 10분도 꽤 긴 시간이다.

해마다 총장이 와서 밥을 내고, 시장도 와서 밥을 낸다. 동창회장이 와서 밥을 내고, 며칠 전에는 수해양대 강학장이 와서 밥을 냈다. 밥 한 끼지만 고마움을 느끼는 밥이다. 불어오던 바람도 방향을 틀어 피해가는 곳인데, 이렇게들 와서 후미진 곳에 햇볕이 들게 하고 훈훈한 향기가 흐르게 한다.

우리 모임의 남 기열 회원님은 금년 85수(壽)를 살고 계시지만 연부 역강(年富力强)으로 날로 건강하게 사신다. 해마다 생신날이면 생신연(生日宴)을 베풀고, 기회만 나면 밥과 술을 사신다. 88세의 미수(米壽)와 99세의 백수(白壽)를 지나, 1세기를 훌쩍 넘겨 사시는, 만수 무강의 영광을 누리시기를 기원한다.

말년 생활을 편하게 살려면 가화(家和)에 힘써야 한다. 아내에게 잘하고 자식들에게 잘해야 한다. 부부 유별(夫婦有別)과 부자 유친(父子有親)의 윤리를 잘 세워 살면 어렵다는 말년도 즐겁게 살 수 있을 것이다.

마지막으로 몇 마디 하고 이 글을 마칠까 한다.

첫째, 날카로움을 꺾으라. 맘에 들지 않는다 하여 날을 새워 말하지 마라. 어수룩하게 보여도 중심을 확실하게 잡고 살아야 한다. 할 수만 있으면 말수를 줄이고, 잘난 체 하지 말고, 할 말이 있으면 몇 마디로 줄여서 짧게 하라. 늙은이의 장광설(長廣舌)을 좋아할 사람이 없다. 말을 하되 늘 온유한 말로 하라. (坐基銳)

둘째, 얽힌 것이 있으면 다 풀고 가라. 젊었을 때는 좌충 우돌 얽히며 살았지만 지금은 그럴 나이가 아니다. 앞날이 불가측(不可測)인데 지금 얽히면 어찌 하겠는가? 가족과 이웃에게 잘하여 그간 얽힌 것은 다 풀고, 감사한 마음을 갖게 하라.(解其粉)

셋째, 안색을 늘 부드럽게 하라. 슬프다고 슬픈 기색을 하지 말고, 화난다고 노기를 띠지마라. 늘 잔잔하고 편안한 안색을 유지하라. 할 수만 있으면 미소를 지어 상대방이 편안한 마음을 갖게 하라. 화낼 일이 있어도 늘 참기를 계속하면 언젠가는 화내지 않고 살 수 있을 것이다.(和其光) 나부터 잘하고자 하는 염원으로 말한 것이니 오해 없기 바란다.

사람은 나이를 먹어 늙어가는 것이 아니라 포도주처럼 푹 익어가는 것이다. 지금껏 영광을 위하여 살았고, 영광을 위하여 죽을 터인즉, 영광은 그대들의 영원한 상이 되리라. 퇴직 교수 여러분의 말년 건강과 행복을 기원하며 이 글을 마친다.

35 경륜(經綸)이 있는 사람들

어느 날 아침 교회에 들어서자 다섯 살 정도의 한 꼬마가 자기 두 형과 나란히 앉아 있었다. 평소 나와는 잘 아는 사이여서, 손을 내밀어 악수를 청했더니 대뜸 하는 말이, "나 오늘 악수 안해요. 나 화가 났어요." 하는 것이었다. 그 애의 두 형이 잘못 건드려서 화가 났는지, 아니면 자기 혼자 속을 끓이다가 화가 났는지는 알 길이 없다.

나도 손자를 많이 키운지라 그런 또래의 애들의 심성을 잘 알고 있어서 그냥 그런가 보다 했다. 한참 후에 그에게로 가서 다시 악수를 청했더니, 그 때는 점잖게 응해주는 것이었다.

그 후 그 애와 나 사이에는 아무런 일도 일어나지 않았고, 그 애는 그 사건 자체를 송두리째 잊어버리고 사는 것 같았다.

그 애는 아직 철부지여서 무슨 일이던 자기 하고 싶은 대로 해버린다. 조금의 뉘우침도 없이 살아간다. 쉬를 보고 싶으면 아무 데서나 쉬를 보고, 화가 나면 아무데서나 소리를 질러 직성을 푼다. 어린 아이의 성장 단계로서는 가장 낮은 단계다. 마음 내키는 대로 한다 하여 이런 단계를 무율(無律)의 단계라고 한다.

나 역시 이런 단계를 거쳐서 살아왔지만 그 때의 일은 조금도 생각나지 않는다. 무관의 제왕처럼 자기 마음대로 살아가니 이보다 더 좋은 시절은 없다. 그러나 이렇게 좋은 시절도 삽시에 끝나버리고, 그 다음의 혹독한 단계로 들어가지 않으면 안 된다.

“나 어릴때 철부지로 자랐지만 지금은 아니어요. 엄마 품이 아무리 따뜻해도 때가 되면 떠나요... 하얀 민들레처럼 다시는 돌아오지 않아요. ...안...안...안녕” 생각나는 대로 어떤 노래의 가사를 대강 적어보았다.

민들레가 머리가 하얗게 되어 바람이 불면 바람에 날려 다른 곳으로 떠나간다. 바람에 따라 멀리 가기도 하고 모체의 바로 밑에 떨어져 그곳에 뿌리를 내려 그곳을 거소로 삼는다. 엄마 품이 아무리 따뜻해도 떠나야 하고, 한 번 떠나가면 다시는 돌아오지 못한다.

그러다가 좀 더 자라면 그 애는 유치원에 들어 가고, 더 자라면 초등학교에 들어가 선생님이 시키는대로 해야 한다.

언젠가 초등학교에 들어가는 손자놈에게, “너 이제 학교에 가면 기분이 좋겠구나.”라고 했더니, “아니요 할아버지, 나 좀 불안해요.” “아니 불안하다니 무엇이 불안해?” “모든 것이 다 그래요, 숙제도 해야 하고, 선생님 얼굴도 모르고, 친구들도 모르고...” 생각해 보니 그럴 것도 같았다. 새로운 세계로 들어가니 그럴 수 밖에 없을 것이다. 그러나 그런 불안은 잠시고, 이제는 죽든 살든 그 속에서 순응하며 살아야 한다. 며칠이 지난 후에 며느리에게 그놈의 학교생활을 물어봤더니, 겉으로는 아주 재미있게 학교에 다니는 것 같다고 했다.

그러면 그렇지, 이제는 좋든 싫든, 주어진 생활에 매어 그 속에서 살 길을 찾아 살아야 한다. 그러다가 세월이 흐르면 중학교, 고등학교의 생활로 들어간다. 시지프의 멍에처럼 갈수록 짐은 무겁지만 어쩔 수가 없다. 이렇게 살아야 하는 단계를 타율(他律)의 단계라고 한다.

그러다가 대학교에 가고, 대학을 나와 직장을 얻어 스스로 살 길을 찾아 살아야 한다. 결혼도 하고 식구가 생기면 그들을 돌보아야 하고, 부모님에게서 입은 은혜를 갚으며 산다. 그 전보다는 더 많은 자율(自律)의 생활이 주어지지만, 자기가 행한 일은 자기가 책임져야 하는, 엄중하기 이를데 없는 세상을 살아야 한다. 이런 단계를 자율의 단계라고 한다.

그러다가 경륜이 쌓이면 사회의 중진이 되고, 중진이 되어 잘 살면 세상 사람들로부터 존경과 사랑을 받는다. 인생의 경륜이 쌓이면 그의 생활은 향기 그윽한 생활이 되고, 그들과 더불어 사는 세상은 따뜻하고 아름다운 세상이 된다.

정치적 경륜이 쌓이면 그 높은 경륜으로 국회의 수장도 되고, 또 나라의 수장(首長)도 되어 나라를 다스리는 지도자가 된다. 그러나 겉은 화려하되 속이 비어 있으면 다른 사람이 주는 검은 돈으로 잇속을 챙긴다. 돈의 독아(毒牙)가 얼마나 무서운지는 당해봐야 그 무서움을 안다. 영어(囹圄)의 신세가 된 후에야 후회는 이미 늦은 것을 느낀다.

돈이 많다 하여 함부로 써서는 안되고, 춥고 그늘진 곳을 찾아 쓰면 훨씬 더 빛나는 쓰임이 될 것이다.

몰래 행한 짓이 언제까지 감추어지리라고 생각해서는 안된다. 잠시는 감추어질 수 있어도 언젠가는 드러난다. 돈의 독아보다 더 무서운 것은 없다. 한 번 걸려들었다 하면 놔주지 않고 칭칭 감아서 빠져 나가지 못하게 한다. 조심해야 한다.

허물이 있을 때에는 기탄없이 고쳐야 한다.(過則勿憚改) 세상은 얼른 보기에는 그냥 돌아가는 것 같아도 절대로 그렇지가 않다. 천도(天道)가 유심(有心)하다 하였으니 그 천도에 의해 세상은 운위되고, 잠시라도 이를 거역했다간 가차없는 하늘의 철퇴(鐵槌)를 받는다. 허물이 있는 줄 알면서도 고치지 못하면 그보다 더 큰 허물은 없다.(過則不改 是謂過矣)

돈보다 더 좋은 것은 없다. 거의 만능적이라 할 만큼 무소불위(無所不爲)의 힘을 발휘한다. 그러나 잘못 쓰면 나를 파멸시키는 세상의 무서운 악이 된다.

군자 삼락(君子三樂)이라는 것이 있다. 첫째가 학문을 배워 익히니 기쁘고(學而時習), 둘째가 좋은 친구가 있어 찾아오니 기쁘고(有朋自遠方來), 셋째가 남이 나를 알아주지 않아도 화내지 않으니(不知人不慍) 기쁘다고 했다.

이 셋 중에 남이 알아주지 않아도 화내지 않는 것이 군자다운 면모처럼 느껴진다. 군자란 학식과 덕망이 높고 높은 벼슬자리에 있는 사람을 말한다. 높은 벼슬 자리에 있는 사람들은 그 누구보다도 당당해야 한다. 남이 알아주던 말던 내가 하는 일에 당당해야 한다. 자기가 하는 일에 당당하지 못하고, 추악한 세속(世俗)에 물들어 은밀하게 뒷 거래나 하고 다니면, 이를 어찌 군자의 행세라 하겠는가.

이익을 보면 의를 생각하고(見利思義), 위험을 보면 목숨을 걸어라(見危授命)는 말이 있다. 한 끼 식사를 잇지 못하고, 잠자리가 없어 노숙하는 사람들이 많은데, 내 이부자리만 따뜻하면 그만이고 내 배만 부르면 그만이라는 생각을 하며 사는 양반들이 있다.

내 평생에 이처럼 가혹한 글을 써본 적이 없다. 탐욕도 내려놓고 미움도 내려놓고 티없이 사는 것보다 더 좋은 도리가 없다.

주어진 일에서 세월만 넘기며 살고, 부질없는 짓이나 하고,

부질없는 생각이나 굴리며 살아서는 안된다. 무율, 타율, 자율의 단계를 바르게 세워서 살고, 그때 그때의 주어진 일에 충실하고, 세상의 미혹에 빠지지 않고 살아야, 경륜있는 사람으로 일컬음을 받을 것이다. 그의 몸에서 나는 향기는 천리에 이르고, 그의 몸 주변엔 햇무리가 은은하게 드리워져서 보는 사람들이 우러러 보게 된다. 경륜이 있는 사람은 세욕(世慾)에 음(淫)하지 않고 늘 바르고 의롭게 살아간다.

사회적 지위가 높은 사람들은 하루 아침에 그런 지위에 오르는 것이 아니다. 여러 단계의 경륜을 거쳐서 원숙한 인생 경륜에 이른다. 그들이 하는 일은 경륜이 차(滿)서 하는 일이어서 만인의 사랑과 존경을 받는다. 그러나 속이 차지 못하면 남이 주는 돈을 분별없이 받아 먹는다. 남이 준다고 덥석덥석 받아 먹다간 돈의 독수(毒手)에 걸려 시달린다. 돈의 독수가 얼마나 무서운지는 당해봐야 그 처절함을 알게 될 것이다.

인생은 엄숙하고 준엄한 것이다. 부질없는 쾌락의 재물로 어떤 생명을 희생시켜서는 안된다. 내 생명이 귀하면 남의 생명도 귀하다. 젊은 여인들을 함부로 농락해서는 안된다. 편안하고 자랑스러운 마음으로 그들이 하는 일을 잘하도록 도와줘야 한다. 그래야 윗사람은 아랫사람으로부터 존경을 받는다.

자연의 섭리에 좇아 살면, 얻고 잃음에 집착하지 않는다. 순리를 거스려 행하다간 일을 망치고 자기 파멸에 이른다. 아무리 높은 권세도 10년을 넘기지 못한다 하지 않던가. 누리는 자리치고 오래 가는 자리는 없다. 되고 안되고는 하늘의 뜻에 맡기고 그저 천리(天理)에 순응하며 살아야 한다. 늘 바르고 정직하게 살지 못함을 탄(嘆)해야 한다. 이것이 곧 경륜있는 자가 가지는 마음 가짐이 아닐가 싶다.

36 삶에 얽힌 이야기들

후생(後生)들은 가능성 때문에 두려워한다는 말이 있다.(後生可畏) 사람이 어떤 일에 도전할 때는 아무리 힘이 세다 해도 두려워하며 덤빈다. 단 1%의 가능성도 없다고 하면 차라리 포기해 버릴 것이다. 다윗이 골리앗을 이기리라고는 꿈에도 생각하지 않았지만, 잘 단련된 돌팔매질에서 몇 퍼센트의 가능성을 느낀 것이다.

노인들은 날마다 쓸쓸하게 살아간다. 그들에게는 생존은 있어도 생활은 거의 없다. 생명이 얼마 남지 않았는데도 꽤 오래 살 수 있을 것이라는 막연한 희망으로 살아간다. 희망이 있기 때문에 하루하루의 지겨운 삶을 이겨낸다. 생명을 잇고자 하는 노력은 거의 사투(死鬪)에 가깝다. 불꽃 튀기는 생의 현장으로부터 밀려나 이제는 소외되고 외롭게만 느껴지는 세월을 살아간다.

소외는 곧 불균형이다. 젊은이들 속에 끼어 있어야 하는데도 그들로부터 밀려났으니 균형을 잃은 것이다. 나도 한 때는 그들과 같은 세월을 살았지만 지금은 그들로부터 밀려나 완전한 노년기의 생활을 하고 있다. 한 세대를 부지하던 균형은 깨지고, 다른 세대에서 살아남기 위한 처절한 싸움을 하고 있다.

신혼 시절은 달콤한 낭만에 취해 사는 시기다. 잘못해도 상대방의 잘못은 보이지도 않고, 잘못이 아름다운 것으로 호도되어 나타난다. 이런 단계를 에덴의 단계라고도 한다. 장미꽃이 만발하는 시기여서 어지간한 잘못은 장미꽃 향기 속에 묻히고, 달콤한 와인 한 잔의 취기에 묻히는 시기다.

낭만적 시기는 그 사랑의 달콤함 때문에 다른 진실한 것을 보지 못한다. 상대를 고를 때도 돈 많고, 외모가 좋고, 사회적 지위가 높으면 다른 진상(眞相)이 그런 외상(外相)에 묻혀 보이지 않는다. 연애 중에 상대방의 결점이 나타난다 해도, 외양의 화려함에 가려 보지 못하고 만다. 순간순간을 포착하여 그때그때 단호한 결단을 내리며 살았더라면 하는 아쉬움이 뒤에 남는다.

그러나 이런 낭만적이고 추상적인 가치는 오래 지속하지 못한다. 인생을 이런 추상적인 가치 속에서 오래 사는 사람은 거의 없다. 결혼 후 5, 6개월이 지나면 이런 가치는 서서히 무너져 내려서 빛바랜 꽃잎처럼 된다.

△ △

사람이란 사회 속에서 살아가는 사회적 동물이다. 사회가 그렇게 달콤하게 살도록 내버려 두지 않는다. 사회 속에서는 힘들여 벌지 않으면 목숨을 부지할 수 없기 때문이다. 살다가 성격상의 차이가 노출되면 불만이 터져 나오고, 또 다른 문제와 얽히면 산다 못산다의 문제가 생긴다. 때로는 박이 터지게 싸우다가도 다시 어우러져 산다. 이제는 낭만적인 단계가 아니고 사실주의적인 단계에 접어든 것이다.

가족이 불어나고, 아파트 문제가 생기고, 자식들 교육 문제가 생기고, 직장에서 포지션 문제 등등 많은 문제가 생긴다.

그야말로 아비 규환(阿鼻叫喚)의 전투적 단계에 들어선 것이다. 싸우면서 살지 않으면 안되는 준엄한 현실이다. 20평에서 30평의 아파트로, 30평에서 45평의 아파트로, 인간의 욕망은 만족할 줄 모르고 무한 질주를 계속한다. 이 때가 인간의 황금이기는 해도 힘들여 사는 시기다. 포도주 한 잔이나 장미꽃 한 송이로 해결되는 시기가 아니다.

낭만적 단계는 5, 6개월로 끝나지마는 사실적 단계는 그렇게 짧게 끝나는 시기가 아니다. 잘 살면 30년, 40년이 넘도록 계속되는 시기다.

세상은 아무렇게나 자기 맘대로 살면 되는 것 같아도 사회적 환경이 그렇게 살도록 놔두지 않는다. 때로는 사회적 중압감 때문에 공포와 위기의식을 느끼며 산다. 그래도 살아야 하는 것은 자기가 그간 어질러 놓은 것에 대한 책임감 때문이다. 윤리적으로 책임져야 할 일이 많다. 자식들을 길러 가르치고, 시집 장가 보내 잘 살게 해야 한다. 다른 말로는 인장(印章)을 찍고, 자기가 찍은 인장에 대해서는 책임을 져야 한다. 따지고 보면 엄중하기 그지없는 시기다.

△ △

세월이 많이 지나면 사실적 단계에서 인간적 단계로 접어든다. 젊었을 때의 탄력있는 아내의 모습은 찾아 볼 수가 없고, 주름살투성이의 초라한 모습이 된다. 이제는 안쓰럽고 측은한 생각마저 든다. 이때가 되면 격리된 동물처럼 각 방을 쓰기도 하고, 서로에 대한 애정도 없이 그저 의무 의식에서 살아간다.

아내 역시 늙은 영감이 그렇게 보여 안쓰러울 것이다. 인생의 동반자로서의 의식이 살아나 그들은 녹이 슨 생명의 고리에 물려 살아간다. 아내의 방귀 뀌는 소리가 싫게만 들리지 않고 처량한 소프라노 소리로 들리고, 그냥 살아 있다는 신호로만 들린다. 잠에 떨어지면 아무것도 의식 못하는 송장이나 다름이 없지만, 자면서 뀌는 방귀는 송장이 내뿜는 나팔소리처럼 들린다.

사람은 본질적으로 있는 그대로를 감지하기가 쉽다. 상대방의 얼굴이 쓸쓸하게 보이면 그 사람의 마음이 쓸쓸하여 그러는 것으로 보게되고, 얼굴 표정이 환하게 보이면 기분이 좋아서 그러는 것으로 보게된다.

인간의 본질 뒤에 숨은 인간의 감정은 여러 가지로 나타난다. 똑같은 잘못이라도 용서의 범위는 여러 가지로 나타난다. 어떤 사람은 용서의 범위를 무한히 넓혀 다 용서해버리는가 하면, 어떤 사람은 조그마한 마음의 틈새도 열어놓지 않고 평생을 담을 쌓고 산다.

본질적으로 남자와 여자는 속도감에 차이가 있다. 남자는 외출할 때 5분 정도면 외출할 준비가 다 된다. 넥타이까지 매고 간다고 해도 그렇고, 옷을 골라 입는 데도 잠시의 시간이면 된다. 머리 손질은 필요없고 화장은 미안수 정도면 된다.

그러나 여자들은 다르다. 옷고르기가 까다로워 한참을 골라야 한다. 이 옷을 입어보고, 또 저 옷을 입어보고, 그러다가 안 되면 또 다른 옷을 입어본다. 머리 손질이 쉬운 일이 아니고 화장이 또한 쉬운 일이 아니다. 5분 이내에 모든 준비를 끝내고 대문을 나서리라고 생각하면 큰 잘못이다. 5분 내에 화장할 준비에 들어가면 참 동작이 빠른 여인이다.

그걸 모르고 먼저 나가 대문 밖에서 기다리다간, 겨울이면 동사(凍死)하기가 쉽고, 여름이면 일사(日死)하기가 쉽다. 그러다가 화가 나면 양자간에 언쟁이 벌어지고, 잘못하다간 그날 외출은 엉망진창이 된다.

남자와 여자는 생활 사이클이 다르다. 남자는 밖에 나가 일을 하고, 여자는 집안에서 살림을 한다. 서로 다른 사이클이지만 잘 조화하여 살면, 그렇게 좋을 수가 없다. 둘이 다 밖에서 일을 한다 해도 일의 내용이 다르고, 만나서 이야기하는 사람이 다르다. 남자는 집에 돌아올 때 한 잔 하고 들어오지만, 여자는 시장에 들러 찬거리를 사들고 온다. 집에 들어오면 어질러진 것들을 치우고, 밥을 하고, 설거지를 하고, 집안 식구들의 빨래를 하고, 어린 자식들의 숙제 등등... 아득하기 그지없다. 구시렁거리며 속으로 욕을 해도 아무 소용이 없고, 그저 묵종으로 이것이 내 운명이려니 체념하며 산다.

요즘과 같은 세상에 관포지교(管鮑之交)의 우정은 오고 간데가 없지만, 그래도 믿을 사람은 아내 밖에 없다. 아내의 모습 속에서 옛날의 모습은 찾을 길이 없다. 몸은 절구통처럼 울퉁불퉁 변했고, 입을 떡 벌리고 잠자는 모습은 참으로 가관(可觀)이다. S라인이나 V라인 같은 것은 찾을 길이 없고, 옛날에 가지고 있었던 수줍음이나 애교는 찾을 길이 없지만, 그래도 이 여자가 아니면 안된다는 인간주의가 싹트기 시작한다. 일이 이렇게 된 것은 그냥 그렇게 된 것이 아니다. 나와 이 여자가 힘을 합쳐 사실주의적 단계를 거쳐왔기 때문이다. 이제 이 여자와는 천하의 어떤 것과도 바꿀 수가 없게 되었다. 씁쓸하기 그지 없지만 그래도 이 여자가 좋다는 인간주의가 자리잡은 것이다.

이 세상에 외롭지 않는 사람은 없고, 이 세상에 그늘이 없는 사람이 없다. 그렇지만 우리는 아무렇지도 않는 듯 살아간다.

그러고 보면 인간은 위장의 명수요, 위장의 달인이다. 머리에 기름을 바르고 넥타이를 매고 나가면 흠 잡을 데 없는 일등 신사다. 아무리 힘들어도 희망을 잃지 않고 살면 언젠가는 외로움도 걷히고 그늘도 걷힌다.

△ △

우리 나라도 꽤 잘 사는 나라가 되었다. 물론 어렵게 사는 사람들이 아직도 많지만 그래도 꽤 잘 사는 나라가 되었다. 지구상의 여러 나라와 비교해 보면 꽤 잘 사는 나라에 속한다. 옛날 맥령기(麥嶺期)에 배를 주리며 살던 때와는 천양지간의 차이다. 부황증에 걸려 살가죽이 붓고 얼굴이 누렇게 된 때는 이미 지난지 오래다.

그런데 먹을 것이 풍족하면 배를 주리던 때를 잊기가 쉽고, 내가 지금 가지고 있는 것의 소중함을 모르고 산다.

알프스산과 같은 8천 고봉이 꼭 좋은 산은 아니다. 때로는 서울의 남산이 훨씬 더 좋을 수가 있다. 산이란 멀리서 보면 아름답게 보이지만 가까이서 보면 온갖 추한 것들이 드러난다. 온갖 것들이 얼크러져 있고, 온갖 잡동산이들이 뒤엉켜져 있다.

멀리서 보면 높은 산일수록 평화로운 영봉(靈峰)으로 보이고, 그 위에 올라섰을 때의 조망(眺望)은 막힌 기(氣)를 뚫는다. 아스라이 이어지는 연봉(連峰)들이 아름답고, 하늘의 깊고 푸르름이 흑암처럼 무섭게 느껴진다. 생명을 걸고 올라온 성취감에 인생 무한의 쾌감을 느낀다.

만년설(萬年雪)이 태고적부터 쌓여 있어 비오(秘奧)의 신비감을 느낄 법도 하지만, 그저 눈에 보이는 것 외에는 아무것도 없다. 8천 고봉이 제아무리 좋다고 해도 서울의 남산만도 못할 수가 있다.

남산 위에 올라서면 옹기종기 서울 시민의 사는 모습이 보이고, 겨레의 기상인 푸른 소나무가 울울창창하다. 봄이면 기화 요초들이 다투어 피고, 여름이면 녹음 방초들이 우거져 사람들의 마음을 끈다. 가을이면 실솔들의 울음소리가 요란하고, 겨울이면 백설이 분분하여 설화가 만발하다. 남산은 서울 시민의 숨결이요, 서울 시민의 얼이 서린 곳이다. 하루에도 수백수천의 시민들이 올라와 건강을 노래하고 희망을 노래한다. 밤이면 연인들이 올라와 뜨거운 밀어로 연정을 불태운다.

산은 낮은 산이 좋다. 내가 사는 곳의 산이 좋은 산이고, 내가 즐겨 오를 수 있는 산이 좋은 산이다. 우리 모두는 자기 봉우리에서 행복을 느끼며 산다. 남산에는 고봉처럼 생명을 앗아갈 돌풍도 없고, 심장을 에이게 하는 칼날 추위도 없다. 오르다가 발을 잘못 디뎌 천 길 밑으로 떨어지는 단애(斷崖)도 없다. 언제 와도 싫은 기색이 없이 반갑게 맞아준다.

모든 생명은 서열주의다. 지위가 높으면 먼저 대접을 받고, 값이 비싼 물건이면 애지중지 사랑을 받고, 값이 싸면 한쪽으로 밀려나 천대를 받는다. 값비싼 나무는 정성을 다 해 가꾸지만, 값이 싼 나무는 아무렇게나 놔둬 자라게 한다.

하지만 모든 생명은 모두가 귀하고 아름답다. 생명 중에 아름답지 않는 것이 없다. 한 포기의 풀잎이 아름답고 한 떨기의 꽃잎이 아름답다. 천하의 물물(物物)에 신공(神功)이 미치지 않는 것이 없다. 작은 곤충에서 생명의 신비와 경이를 느끼고, 떼를 쓰며 울어대는 어린 꼬마에게서 생명의 작열(灼熱)을 느낀다.

어려울 때 어려운 것만을 생각하면 더 어려워지고, 추울 때 추운 것만을 생각하면 추위는 더 추워진다. 어려움은 누구에게나 오는 것이고, 어려움 없이 사는 자는 아무도 없다. 시련 끝에 영광이 온다 하였으니 참고 기다릴 줄 알아야 한다... "내가 반드시 너를 복주고 복주며 너를 번성케 하고 번성케 하리라..."(히 6:14)

자식놈들은 제 배가 불러야 부모를 먹이지만 부모들이야 어찌 그러는가. 자기 배가 주려도 자식을 먼저 먹이고 자기는 그 다음에 주린 배를 채운다. 아무리 그래도 자식은 좋은 것이다. 자식들과 화친하여 살면 힘든 말년도 힘들지 않고, 천군 만마를 얻어 사는 듯 든든하여 좋다. 인생 여정은 멀리 가는 길이다. 이 먼 길을 혼자 가면 외롭고 힘들지만, 자식들과 같이 가면 즐겁고 힘들지 않는 길이다.

희망은 생의 에너지요 열정이며 불행한 자를 움직이는 제2의 혼이다. 그러나 희망을 갖는 것만으로 모든 일이 잘 되는 것은 아니다. 희망이 성취되도록 모든 노력을 다 기울여야 한다. 희망은 어려운 일을 쉽게 만들고 절망은 쉬운 일도 어렵게 만든다. 늙었다 하여 마음을 다 놔버리면 몸을 부지할 힘마저 잃는다. 사는 날까지 희망을 잃지 않고 힘차게 살아야 한다.(이 글에는 T.V에 나와 이야기한 어느 문인의 생각도 들어있음을 밝힌다.)

37 세월과 인생

세월은 영원한 나그네라는 말이 있다. 세월은 다른 말로는 광음(光陰)이라는 말로도 표현한다. 광음이란 글자 그대로 빛과 그늘이라는 뜻으로, 빛과 그늘이 뒤바뀌면서 세월이 흐른다 하여 하는 말일 것이다.

세월 중에서도 아주 짧은 세월을 일촌 광음(一寸光陰)이라 하고, 아무리 짧은 세월도 소홀히 해서는 안된다 하여 일촌광음불가경(一寸光陰不可輕)이라는 말로 표현한다.

나그네는 잠시 지나가는 길손(過客)이고, 세월은 영원히 흐르는 길손(百代之 過客)이다.

사람은 이 세상에 온 나그네임에는 틀림없지만, 영원히 사는 나그네는 아니다. 자기에게 주어진 몫을 살다가는 잠시 온 나그네다.(一代之過客) 영원히 흐르는 세월 속에서 잠시의 세월을 살다가 간다.

사람마다 살다 가는 수(壽)도 각각 달라서, 어떤 애는 세상의 맛도 보지 못하고 피덩어리로 죽기도 하고, 갖가지 질병이나 뜻하지 않는 일로 요절(夭折)의 비운을 겪기도 한다.

그러는가 하면 주어진 수를 다 살고 자연스럽게 인생의 최후를 맞이하는 사람도 있어서, 이런 죽음을 자연사(自然死) 또는 원숙사(圓熟死)라고도 한다. 자기의 수를 다 살지 못하고,

도중에 가는 수난사(受難死)나 요절사(夭折死)는 불가항력적인 것일 때가 많다.

이 세상에 왔으니 이 세상에 온 목적을 다 이루고 가면, 사람으로서의 도리를 다 하고 가는 것이 된다. 높은 권좌에 앉아 세도를 부리기도 하고, 먹을 것마저 없어서 적빈(赤貧)에 허덕이며 살다가는 사람들도 있다. 초동 목수(樵童牧豎)로 자라나 평생을 짐승을 치고 농사일을 하며 살다가는 사람들도 있다. 나 같은 사람은 농촌에서 태어났지만 도시로 들어와 높은 학문을 익혀 후학들을 가르쳤고, 이렇게 글도 쓰며 사니 팔자치고는 꽤 괜찮은 편이다. 이 세상에 사람이 많듯, 사는 방법도 다양하여, 백인 백색(百人百色) 천인 천색(千人千色)의 삶을 살다가 간다.

아무리 잘 살았다고 하는 자도 고뇌없이 살 수는 없다. 때로는 고뇌의 나락(奈落)에 빠져 허덕일 때도 있고, 일이 잘 풀리지 않아 좌충우돌할 때도 있다. 그러나 고뇌는 사람을 강하게 하지 약하게는 하지 않는다. 모진 추위에 떨었던 자만이 태양의 따뜻함을 알게 되듯, 고뇌를 겪으면서 생명의 의지와 존엄을 느끼며 산다. 고뇌를 통해서 그 많은 세월의 굽이굽이를 뚫고 나아갈 힘을 얻는다.

그처럼 길고 긴 세월을 1년이라는 구간으로 나누고, 1년을 12달로, 1달을 30일로, 하루를 24시로, 1시간을 60분으로, 1분을 60초로 나누어 산다. 그러고 보면 하루 24시간은 엄청난 시간이고(24×60×60), 그 엄청난 시간을 아무렇지도 않은 듯 무위(無爲)하게 허송하기도 한다. 그래서 어떤 사람은 시간의 낭비보다 더 큰 죄악이 없다 하여 시간 아끼기를 황금 알 듯 하라고 한다.

세월은 물의 흐름과 같이(光陰如流), 한 번 흘러가면 다시는 되돌아 오지 못한다. 무심하게 흐르는 이런 세월을 아무렇게나 흘러보낼 것이 아니요, 잘못 보내면 애석하기 그지없다 하여 광음 가석(光陰可惜)이라고도 한다.

이 세상에서 세월보다 모든 사람에게 평등에게 주어지는 것은 없다. 이런 세월의 순간순간을 잘 이용하면 성공하는 사람이 되지만, 잘못 이용하면 실패하는 사람이 된다. 일각(一刻)을 천금(千金)으로 여기는 자에겐 세월은 그를 그냥 놔두지 않고 보상하여 잘 살게 한다. 하루를 무위 도식(無爲徒食)으로 사는 자에게는 하루는 그냥 소모해버리는 것이 되지만, 열심히 일하며 사는 자에게는 하루는 소중하고 감사에 넘치는 하루가 된다.

나처럼 나이가 많은 사람들에겐 세월은 흐르는 것이 아니라, 날아가는 것처럼 느껴진다. 한 달이 하루 같이 느껴지고, 1년이 한 달처럼 느껴진다. 세월은 사람을 기다리지 않고 잠시의 휴지(休止)도 없이 마구 흐른다. 잠시만 쉬었다 가라고 통사정을 해도 아무 소용이 없다. 이 세상에 세월보다 더 무정한 것은 없어서, 무정 세월 약유파(無情歲月 若流波)라는 말로 표현하기도 한다.

세월은 얻기 어렵고 잃기는 쉽다는 말이 있다. 무한히 트인 시간에 어찌 세월 얻기가 어렵겠는가? 닥쳐오는 세월은 무한한 것이지만, 그 세월을 하는 일 없이 보내면, 세월을 얻는 것이 아니요 되레 잃는 것이 된다. 근면한 자는 세월을 얻기가 쉽지만, 나태한 자는 세월을 얻지 못하고 허비한다.

세월보다 더 무서운 것은 없어서, 세월 앞에 그대로 남아있는 것은 없다. 세월은 만물의 파괴자여서, 세월에 망가지지 않는 것이 없다. 팔팔하던 소년의 행락(行樂)이 얼마 후면 힘 못

쓰는 노인이 되고, 검은 머리가 새어 흰머리가 됨도 세월을 이기지 못함 때문이다. 바윗돌도 부서져 진토(塵土)가 되고, 쇠붙이도 부서져 분진(粉塵)이 된다. 70생애의 희노애락도 일장 춘몽으로 끝나고, 천년 사직(千年社稷)도 남가 일몽(南柯一夢)이 되어 영겁(永劫)에 묻힌다. 세월의 무대에서 불꽃을 튀기며 사는 인생도 한 줌의 부토(腐土)로 돌아가면 그것으로 끝난다.

흥망이 재천(在天)이거늘 세월의 흐름을 슬퍼한들 무슨 소용이 있겠는가. 인생이란 잠시 온 나그네요, 아무리 큰 소리를 쳐도 세월의 철퇴(鐵槌)를 맞으면 덧없이 사라진다.

세월에 부대끼며 산 한 시인이 그의 인생 말년에 구원의 빛처럼 얻어낸 주옥같은 한 시가 여기 있다. 잘 음미하여 귀감(龜鑑) 삼으면 세상 살기가 한결 수월해질 것이다.

청산은 나를 보고
말없이 살라 하고
창공은 나를 보고
티없이 살라 하네
미움도 내려놓고
사랑도 내려놓고
물처럼 구름처럼
살다가 가라하네

그 흐름이 유려하고 그 뜻이 엄숙하고 잔잔하다. 마음은 겉으로는 조용한 것 같지만, 세월에 부대끼어 쉴새없이 움직인다. 이 요망한 마음을 바로 잡고 조용하게 사는 데는 그지없이 좋은 시다.

왜 '사랑도 내려놓고'라고 했는지 알 길이 없다. 너무 궁금하여 몇 마디 첨언하니 옳은지 모르겠다. 아무리 사랑할 힘이 없다 해도, 사랑까지 내려놓아서는 안된다. 사랑은 열정으로도 하지만 마음으로도 하는 것이다. 그 흐름이 힘이 없다 하여 막히는 것은 결코 아니다.

늙었다 하여 노정(老情)이 없는 것도 아니고, 늙었다 하여 손자를 사랑하는 힘마저 소진된 것은 아니다. 젊은이들이 하는 불꽃 튀기는 사랑이야 내려놓을 때가 되었고, 그런 사랑에 목숨을 걸 때는 이제는 지났다.

사랑은 격정이요, 싸움이요, 고통이다. 사랑은 슬픔도 되고 기쁨도 되고 후회도 되며, 지옥도 되고 천국도 된다. 천사도 되고 악마도 되니, 사랑보다 더 힘든 것도 없을 것이다. 이제는 그런 사랑일랑 다 내려놓고, 세상의 번민과 소요에서 벗어나, 조용히 무외(無畏)와 평정을 얻어 살고자 함일 것이다.

말을 많이 함도 노년자(老年者)의 본령이 아니요, 아는 체 함도 늙은이의 본령이 아니다. 미움이 있거들랑 미움 같은 건 다 내려놓고, 탐욕에 매여 있거들랑 그 사슬에서 벗어나야 할 때다. 물과 구름이 흐르듯 유유하게 살면 인생 말년에 마음에 평온과 기쁨을 얻어 살 것이다.

사람은 세월 속에 태어나 세월과 더불어 살다가 힘이 부치면 세월 속으로 사라진다. 세월에 꿈을 싣고, 수없는 고비를 넘고 또 넘으며 산다. 그러다가 주어진 시간이 다 되면 미련이나 여한(餘恨)도 없이 사라진다.

화관(花冠)에 머무는 이슬처럼 따스한 햇살에 영롱한 빛을 발하다가, 그 열기를 견디지 못해 서서히 녹아 내리는 것이 인생이다.

남보다 짧게 살다 간다하여 억울해 하지 말고, 살만치 살았으면 제 몫을 다 살다 간다 하라. 그 정도라도 산 것에 만족하고 감사하며 눈을 감으라. 세월이 끝나는 날까지 살 자는 아무도 없다. 세월의 한 구석을 빛내고 가니 여한이 없고, 부끄럼 없이 살았으면 그보다 더한 영광이 없을 것이다.

38 사자 성어(四字成語) 유감(有感)

연초(年初)가 되면 교수단(敎授團)을 비롯하여 여러 이름있는 사람들이 그 해를 가늠하는 사자 성어를 내놓는다. 그렇게 해서 그해 한 해가 그들이 내놓은 글귀 대로 운위(運爲)되기를 기대하며 산다.

1년이 적지않는 세월인데, 1년에 일어난 일을 사자 성어로 가늠한다는 것은 그렇게 쉬운 일은 아니다. 한 사람의 1년 신수도 알기 어려운데, 한 나라의 운세(運勢)를 글자 넉자로 알아맞춘다는 것은 참으로 어려운 일이다. 해박한 지식과 깊은 혜안(慧眼)을 갖지 않고서는 결코 그렇게 할 수가 없을 것이다.

작년(2009년) 초에 교수단이 내놓은 사자 성어는 밀운 불우(密雲不雨)라는 것이었다. "구름은 무성한데 비는 내리지 않는다."는 뜻으로, 참 답답하기 이를 데 없는 글귀었다. 1년 내내 구름만 칩칩하게 끼어있고 기다리는 비는 한 방울도 내리지 않는다면 이보다 더 답답할 수가 없기 때문이다.

작년 어느 때에는 한 치의 앞도 보이지 않을 정도로 캄캄한 때도 있었다. 쇠고기 파동으로 전국이 소용돌이에 휘말렸고, 노동자들이 밖으로 뛰쳐나와 구호를 외쳤고, 기업가들은 그들과 싸우느라 속아리를 했다. 국회는 국회대로 연중 무휴 싸웠고, 장사하는 사람들은 장사가 안된다고 아우성을 쳤다. 또 시국선언인가 뭔가 한다며 나라가 온통 시끄러워서 견딜 수가 없었다.

하지만 정부는 굳건하게 백성들을 위해 일했고, 백성들 또한 어려운 가운데서도 실의에 빠지지 않고 열심히 일했다. 그러다 보니 희미한 불빛이 멀리에서 가물거리기 시작했다.

작년 한 해는 많은 일들이 우리들의 가슴을 짓눌렀지만 그런 가운데서도 열심히 일을 해 플러스 성장을 했으니 참으로 잘한 일이다. 세계에서도 드물게 잘한 일로 기록되기도 했다. 금년 새해의 첫날은 가슴이 뛰었고 모든 국민들의 눈망울은 희망으로 빛났다.

2010년 새해 첫날의 동녘 하늘엔 시뻘건 태양이 불끈 솟아올랐다. 늘 보는 태양이지만 그 위용이 장엄하고 그 빛이 찬란했다. 새해의 여명(黎明)이 이렇게 밝았으니 금년 한 해는 국운이 융성하고 국태 민안(國泰民安)이 이루어지는 한 해가 될 것 같은 생각이 든다.

금년 새해를 맞이하면서 교수단이 뽑은 사자 성어는 강구연월(康衢煙月)이라는 글귀였다. "풍요로운 거리에 안개가 어슴프레 끼고, 그 위에 달빛이 어렴풋이 비친다."는 그런 뜻이다. 평화와 풍요의 서기(瑞氣)가 넘쳐 흐르는 참 좋은 글귀다.

모든 일은 늘 평탄하지만은 않고 늘 부침(浮沈)을 계속한다. 작년에는 어두워 힘들었지만 금년에는 앞이 훤히 트여 보이는 한 해가 될 것이 기대된다. 거리에는 풍요의 기운이 넘치고 온 겨레의 가슴 속에는 활기와 희망이 넘쳐 흐르는 한 해가 될 것 같다.

세계 도처에서 원전(原電)건설의 큰 수주를 따냈고, 금년 말에는 G20 정상회담이 열린다고 하니, 한국은 이젠 동방의 작은 승냥이가 아니고, 세계 도처에서 세계를 움직이는 무서운 호랑이가 되어 가고 있다.

금년 연초에는 어느 도시 문제로 전국을 뜨겁게 달구었던 사자 성어가 있다. 그것이 바로 다름 아닌 미생지신(尾生之信)이라는 글귀다. 이 성구는 지난 번 책에서 이미 언급한 바가 있어서 여기서는 대강의 내용만을 간기(簡記)하고자 한다.

미생지신이란 중국의 한 고사로 이미 널리 알려진 이야기다. 미생이라는 사람이 폭우 속에서도 애인과 만나기로 한 약속을 지키려고 다리 밑에서 애인을 기다리다 익사했다는 이야기다.

한 쪽에서는 다른 쪽을 고지식하고 융통성이 없는 사람으로 밀어붙이고, 다른 쪽에서는 미생지신이란 국민지신(國民之信)으로 봐야 한다며 다른 쪽을 몰아부쳤다. 약속을 했으면 그 약속은 끝까지 지켜야 하고, 약속을 지키지 못하면 무신 불립(無信不立)의 불신 사회가 된다고 되받았다.

한 번 국민에게 약속을 했으면 원안대로 해야 한다는 원안 고수파와, 이미 한 약속이라도 국가의 백년대계를 위해서는 고쳐야 한다는 원안 수정파와의 싸움이 줄기차게 계속되었다. 이 싸움은 이전 계투(泥田鷄鬪)라 할만큼 치열한 싸움이 되었다. 지금으로서는 그 끝이 보이지 않는 무한 궤도상의 긴 싸움이 될 것처럼 느껴진다.

이전에 낸 책에서 증자(曾子)가 자기 아내에게, 아들에게 한 약속이면 꼭 지켜야 한다며 돼지를 잡아 먹였던 고사를 실은 적이 있다. 부친의 두터운 신뢰를 알게된 아들이 밤 중에 어디를 갔다 오겠다고 했다. 어디를 가느냐고 했더니, 친구에게 빌린 책을 오늘까지는 돌려줘야 한다고 했다. 국민에게 한 약속과 국가 백년대계와의 싸움에서 어느 쪽이 이길지는 아무도 모른다. 오직 신만이 아는 일이다.

우리나라 대통령이 금년에 내놓은 사자 성어는 일로 영일(一勞永逸)이라는 글귀다. 오늘의 노고로 오랜 안락을 누릴 것이라는 뜻이다. 오늘의 어려움을 감내(甘耐)하지 못하면 내일의 어떤 안일(安逸)도 기약 할 수가 없다하여 한 말이다.

어떤 정치인은 기호지노(騎虎之勞)라는 글귀를 내놓았다. 이를 풀이하면 호랑이를 말타듯 몰아가는 기세를 유지하라는 뜻이다. 호랑이 해에 호랑이와 같은 기개(氣槪)로 힘차게 살자하여 한 말이다.

아무리 가는 화살도 여럿이 모이면 꺾기 힘들다 하여, 절전지훈(折箭之訓)이라는 글귀를 내놓은 어느 당대표도 있었다. 그 조직내의 모든 구성원들이 하나로 뭉쳐 단합하면, 필시 그 조직이 잘 될 것이라 하여 내놓은 것일 것이다.

사람들은 금년에는 술 담배를 꼭 끊겠다고 약속을 하지만 작심 삼일(作心三日)로 끝나기가 일수다. 다시 지킬 것을 약속하지만, 작은 것을 구실삼아 그 약속을 또 지키지 못하고 만다. 그러기를 계속하다가 무위(無爲)하게 1년을 다시 넘긴다.

나도 지금 과체중에 속하는 사람이다. 운동을 매일 한다고는 해도 음식의 유혹에는 한없이 약한 사람이다. 그러다 보니 저울의 눈금은 예나 지금이나 변화가 없다. 나를 비롯하여 세상의 모든 사람이 다 그럴 것이다. 중대한 계기가 주어지지 않으면, 금석 맹약(金石盟約)도 모래 위의 누각처럼 쉬 무너지고 만다. 의사로부터 사형 선고를 받은 후에야 후회를 하지만, 후회는 이미 늦은 것을 느낀다.

금년에 꼭 이루고자 하는 일이 있으면 계획을 잘 세워 할 것이고, 그 계획이 꼭 이루어질 수 있도록 견마지로(犬馬之勞)

를 다 해야 한다.

대학에 갓 입학한 한 학생이 나에게 찾아와서, 앞으로 대학 생활을 어떻게 하면 좋겠느냐고 하기에, 서슴없이 우공 이산(愚公移山)이라는 글귀를 권했다. 우직하다 할만큼 열심히 일한 자만이 산을 움직일 수 있다는 그런 내용의 글귀다. 젊은이는 앞으로 살 날이 많고 또 할 일이 많은 사람이다. 태산처럼 밀려오는 앞 날을 헤쳐나가는 데는 그지없이 좋은 글귀다. 우공지로(寓公之勞)를 기울인 자만이 태산을 옮길 수 있을 것이다.

결심했던 일이 작심 삼일로 끝나서는 결코 안되고, 한 번 마음에 결심했던 일은 그 일이 끝날 때까지 일편 단심(一片丹心) 변함이 없어야 한다. 그래야만 그 일을 잘 성취할 수가 있을 것이다. 아침에 셋이던 것이 저녁에 넷이어서는 않되고(朝三暮四), 아침에 내린 명령이 저녁에 다른 명령으로 바뀌어 내려서도 안된다.(朝令暮改) 극심한 변화를 일컫는 말로 능곡지변(陵谷之變)이라는 말이 있다. 높은 언덕이 변하여 골짜기가 되고, 골짜기가 변하여 높은 언덕이 된다는 말이다. 늘 그렇게 바뀌며 살다가는 아무 일도 이루지 못하고 말 것임에 틀림이 없다.

대지(大志)를 품고 시작한 일이 얼마 못가서 바뀌면 당초 시작하지 않음만 못하고, 그런 사람은 평생을 통해 뭐하나 이루지 못하고 만다. 한 번 시작한 일이면, 초지 일관(初志一貫) 변함이 없어야 한다.

마지막으로 아무리 좋은 옥도 갈지 않으면(玉不琢) 좋은 그릇이 될 수 없다(不成器)는 글귀를 금년의 나의 고사 성어로 내놓으면서 일로 매진(一路邁進) 하기를 기원한다.

39 호랑이의 해

금년(2010년)은 경인년(庚寅年) 호랑이 해다. 호랑이 해 중에서도 백호랑이 해인 것이 더욱 유별나다. 경인년의 경(庚)자가 색깔로는 백색이어서 백호랑이 해가 된다고 한다.

그런데 이 백호랑이 해는 육십 갑자(六十甲子)의 원리에 따라 60년 만에 돌아오는 해다. 그런데 이 백호랑이가 다른 호랑이에 비해 어떤 유별난 점이 있는지는 나는 잘 모른다. 다른 호랑이와 마찬가지로 성질이 사납고 무서울 것임에는 틀림이 없고, 색이 희니 더 사나울 것이라는 정도 외에는 아는 바가 없다. 말띠 중에서도 백말띠라는 것이 있어서, 사람을 고를 때 경계하여 고르라고 하지만, 그런 것을 얼마나 믿어야 할지는 잘 모른다. 왜냐하면 백말띠 중에서도 잘 사는 사람들이 너무 많기 때문이다.

이런 백호랑이 해가 60년 만에 돌아왔으니 조금은 반갑고, 어떤 일이 벌어질지 기대도 된다.

호랑이는 원래 기운이 세고 용맹이 비범하여 이를 당해낼 자가 없다. 그래서 대충(大蟲) 또는 산군(山君)이라는 이름으로 불리어지기도 한다. 대충이란 말은 글자 그대로는 큰 벌레라는 뜻이고(佛家:모든 생물은 벌레), 산군이라는 말은 산 속의 왕자 또는 산을 수호하는 산신(山神)이라는 뜻이다. 이처럼 호랑이는 무소 불위(無所不爲)의 권력으로 산을 지배하는 신령(神靈)이기도 하다.

이 정도가 되면 스스로 자만할 만도 하고 또한 세상에 무서울 것도 없어서 참 좋을 것이다. 그런데 어느날 밤 호랑이가 잠시 시간을 내어 산을 떠나 민가로 내려왔다. 어느 집에서 어린애 우는 소리가 들리기에 그곳으로 가 보았다. 어린애의 엄마가 그 애의 울음을 달래려고 무진 애를 써봤지만 아무 소용이 없었다. 밖에 무서운 호랑이가 와 있다고 해도 아무 소용이 없었다. 그러다가 궁여지책(窮餘之策)으로 곶감이 저기 있다고 했더니 울음을 딱 그치더라는 것이었다. 호랑이는 깜짝 놀라 어찌 할 바를 몰랐다. 이 세상에 자기보다 더 무서운 것이 없는 줄 알았는데, 도대체 곶감이라는 것이 뭐길래 그러는 것일까? 일이 이렇게 되자 그대로 더 이상 그 곳에 머무를 수가 없어서 산으로 서둘러 돌아갔다는 이야기가 있다.

옛날부터 전해내려오는 말 중에 "호랑이를 잡아 먹는 담비가 있다."는 말이 있다. 담비는 족제비 과에 속하는 아주 작은 동물이지만, 때로는 호랑이 같은 맹수를 잡아 먹는다는 이야기다. 자기 위에는 늘 자기를 노리는 다른 자가 있다는 것을 알게하는 이야기이기도 하다. 또 사람이 겸손하지 못하고, 자기 혼자 잘난 체 하다가는 큰 화를 입을 수도 있다는 것을 나타내는 이야기이기도 하다.

당랑 재후(螳螂在後)라는 고사가 있다. 당랑이란 사마귀를 말한다. 어느날 매미가 나무 잎에 맺은 이슬을 빨아 먹으려고 하고 있었다. 그런데 그 매미 뒤에는 사마귀란 놈이 그 매미를 잡아 먹으려고 노리고 있었다. 그러는가 하면 그 사마귀 뒤에는 황작(黃雀)이 그 사마귀를 노리고 있었다. 그들이 모르는 사이에 일은 이렇게 은밀하게 진행되고 있었으니, 참 무서운 세상이다. 옛날 이야기지만 한 번쯤 들어둘 만한 이야기여서 소개했다.

눈 앞의 이익에만 눈이 어두워 덤비다간 마침내는 큰 화를 입는 것이고, 자기 위에는 자기보다도 더 힘이 센 자가 있다는 것을 알고 살면, 세상 살기가 훨씬 더 수월해질 것이다. 민가에 찾아온 호랑이 역시 자기가 이 세상에서 가장 힘이 세고 무서운 짐승이라고 생각했지만, 자기보다 더 무서운 곶감이 있는 줄은 전혀 모르고 살았다. 산 속으로 서둘러 돌아가는 그 호랑이의 쓸쓸한 모습이 약여(躍如)하여 눈에 선하다.

영국의 이름난 시인 윌리암 브레이크가 쓴 "호랑이"라는 시가 있다. 호랑이를 얼마나 위대한 동물로 묘사했는지를 알게 하는 좋은 시다. 모두 6연(聯)으로 되어 있어서 이를 다 소개할 수 없는 것이 참 아쉽기도 하다. 첫 연만을 소개하니 그리 알기 바란다.

범이여! 범이여! 캄캄한 숲 속에서
너의 눈은 벌겋게 번득이느뇨,
어떠한 불멸의 손이, 또 눈이
너의 그 무서운 조화(均齊)를 만들었느뇨!

캄캄한 밤에 너의 눈은 벌겋게 번득이고, 아무리 위대한 손이 있다 해도, 또 아무리 위대한 눈이 있다 해도, 네가 지닌 그 무서운 조화를 어찌 감히 만들어 낼 수 있었겠느뇨?라는 내용의 시다.

장수의 날램이 호랑이 같을 때 호장(虎將)이라 하고, 병사의 날램이 호랑이 같을 때 호병(虎兵)이라고 한다. 또 위세의 당당함이 하늘을 찌를 듯 할 때 마치 "범탄 장수 같다."고 하고, 또 "범에 날개를 달았다."고도 한다.

호랑이가 어찌나 이름난 짐승이던지 그 이름을 따서 많은 말이 나왔다. 그것을 몇 개 더 소개하면 호랑이에 대한 감회가 새로워지고 훨씬 더 친근감을 느끼게 될 것이다.

호랑이는 원래 날고기를 먹는 짐승이고 통으로 주면 찢어서 먹을 정도의 힘센 동물이다. "호랑이 날고기 먹는 줄을 안다." 고 하면 현재 하고 있는 일이 너무 당연하다고 느낄 때 쓰는 말이다.

아주 먼 옛날에 호랑이가 담배를 피웠는지는 알 수 없지만, 그것을 알고 있는 사람은 아마 없을 것이다. "호랑이 담배 피울 적"이라는 말은 멀고 먼 옛날을 이야기할 때 쓰는 말이다.

어떤 사람에 대한 이야기를 하고 있을 때 불현듯 그 사람이 나타나면, "호랑이도 제 말하면 온다."고 말하여 우연의 일치를 나타낼 때 쓰기도 한다. 원래 호랑이는 무서운 동물이어서 나타나기를 바라는 동물은 아니다. 오비 이락(烏飛梨落)격으로 사람의 나타남이 정확하게 들어 맞으면 이런 말을 써서 표현하기도 한다.

"호랑이 보고 창구멍 막기"라는 말이 있다. 사람이 어떤 위험한 일에 부딪히면 창황(蒼黃)히 서둘러 그 일을 막으려 한다. 창구멍이라도 막으면 호랑이도 막을 수 있을 것이라는 미봉책을 생각하게 된다. 안될 줄을 번연히 알면서도 그렇게 하는 것은, 위험 앞에서의 인간의 다급한 심사를 나타낸 말이라 할 수 있을 것이다.

"호랑이에게 개 꿔준 격이 되었다."는 말이 있다. 남에게 꿔준 것이 다시는 되찾을 길이 없을 때 쓰는 말이다. 꿔줄 때 차라리 그냥 준다고 하면 인심이라도 쓴 것이 되어서 훨씬 듣기에도 좋을 것이다.

"호랑이에게 고기 달라고 한다."는 말이 있다. 욕심 많은 사람은 주는 일에는 그지없이 인색해서 그로부터 무엇을 얻어내기가 힘들다. 마치 호랑이에게서 고기를 얻어내는 일만큼이나 어려울 때 쓰는 말이다.

"호랑이에게 물려가도 정신만 차리면 된다."는 말이 있다. 아무리 어려운 처지에 놓여 있다 해도 정신만 똑바로 차리고 있으면 그 어려움을 이겨낼 수 있다하여 하는 말이다.

마지막으로 "산 호랑이 눈썹도 아쉬울 게 없다."는 말이 있다. 모든 것이 잘 갖추어져 있어서 무엇하나 부족함이 없을 때 쓰는 말이다.

호랑이는 사자를 제외하고는 산 속의 왕이고, 종횡 무진(縱橫無盡)으로 산 속을 누비는 모습이 의연하고 당당하다. 마치 제왕(帝王)의 모습을 보는 것이나 다름이 없다.

"은밀하게 접근하여 순식간에 덮치는 것"이 호랑이의 사냥 비법이다. 사자 성어 중에 호시 탐탐(虎視耽耽)이라는 말이 있다. 호랑이가 눈을 부릅 뜨고 먹이를 노린다는 뜻이다. 그렇게 노려서 잡는 먹이는 거의 놓치는 일이 없다. 아무리 작은 먹이도 혼신(渾身)의 힘을 다하여 잡는 것은 우리가 귀감삼아 마땅한 일이다.

언젠가 중국을 여행하다가 상해 임시 정부 청사를 방문한 적이 있다. 그곳에서 파는 물건 중에 호랑이 그림이 마음에 들어 하나 사왔다. 액자에 넣은 소품이지만 아주 귀한 것이었다. 집안의 보이지 않는 곳에 넣어 두었다가 이번 호랑이 해를 맞아 훤한 곳으로 끌어내어 만인이 보게 했다.

그런데 그 그림은 호랑이가 심산 유곡(深山幽谷)의 산정(山頂)에 올라와 기함을 토하는 그림이다. 산하(山河)를 삼킬 듯이 입을 벌리고 있는 모습이 큰 기개(氣慨)를 느끼게 한다. 그 그림에 쓰여있는 '기탄 산하'(氣呑山河)라는 글귀에서 호랑이의 호연한 기(氣)를 느끼게 한다. 금년 한 해 동안 계획했던 일을 놓치는 일이 없이 잘 성취하기를 기대하면서 이 책의 대미(大尾)를 접는다. 지금껏 내 책을 읽어준 독자 여러분들에게 심심(深心)한 사의(謝意)를 표하고 여러분의 가정에 신의 축복이 내리기를 간절히 기원한다.

40 제가 존경하는 정 영배 교수님께

그 동안 건강하셨습니까?

지난 12일 일요일, 영식(令息)인 정 양수 교수님으로부터 "삶 속에 흐르는 행복의 메아리"라는 교수님의 귀중한 저서를 기증받고, 책의 뒷면 표지에 "이 책은 우리를 늘 밝고 즐거운 생활로 인도해 줄 것이기 때문이다."라는 선전 문구를 보고 과연 그럴 것인가고 의문을 품고 5일간 정독을 하였습니다. 저만큼 열심히 읽는 사람이 없을 정도로 정독을 하고, 과연 좋은 교훈이 담긴 훌륭한 저서라고 느꼈습니다.

저는 평생을 서양철학, 윤리학을 전공한 사람으로서 전국규모의 국민윤리학회(현 한국윤리학회) 부회장과 충남대 회장을 역임한 바 있으므로 고금 동서의 적지 않은 윤리 관계 책을 읽은 바 있는데, 귀 저서를 읽고 감탄하고 기쁘고 고마워서 감히 아래와 같이 서평을 적었사오니 혜량 바랍니다.

※ 서평

① 어떤 사람의 글은 자기 자랑과 자기 과시, 혹은 거짓된 표현을 하는 글이 있어서, 혹은 자기 변명과 자기 합리화에 힘쓰고 말로만 하고 행동이 뒤따르지 않는 글이 있어서, 저는 조심스럽게 남의 글을 읽는 습관이 있습니다.

그런데 교수님의 글은 솔직히 자신의 과오도 적으면서 교훈적인 말씀을 하셔서 실감이 나고, 글에 믿음을 주고, 타인이 글의 진위에 의심을 품지 않게 하는 것이었습니다.

② 우리가 알고 배워야 할 좋은 명언과 교훈을 많이 적으셨습니다. 그것은 교수님이 좋은 생각, 좋은 신념, 좋은 인생관·사회관·세계관을 가지셨기에 가능하셨을 것입니다.

③ 읽으면서 지루하지 않았고, 변화 무쌍하게, 재미있게 표현하신 좋은 문장이었습니다. 글이 평소 좋아서, "전남대학교 역사관 설립 취지"문도 작성하시도록 부탁 받으신 줄 압니다. 지당한 진리의 말씀을 평이하게 잘 표현하셨습니다. 제22장의 감사하라는 글과 제24장의 좋은 말을 하라는 글과, 제25장의 희망을 품으라는 글과 그 가운데서 노인들에게 한 권고의 글 등을 제1부의 끝부분에서 읽으면서, 책을 읽는 보람을 느끼고, 기쁨을 느꼈습니다.

교수님의 이 책은 학생이나 사회인에게 인생의 좋은 지침서가 될 것이며, 도덕의 교본으로 활용되면 좋겠다고 사료합니다.

이상과 같이 감히 제가 서평을 하고 이 편지를 쓰는 것은 교수님의 글을 읽고 기쁘고 즐거워서이며, 또한 교수님과 같은 고귀한 정신을 가진 분을 알게 되고 함께 신앙 생활을 하게 되었기 때문입니다.

실로 그러한 주옥같은 글을 쓰실 수 있는 것은 ① 어릴 때 훌륭한 한문 교육을 받으시고, ② 청년 시절에 영어영문학을 배워서 영미 사상에 접할 수 있었고, ③ 장년 시절에 예수그리스도 후기성도교회의 회원이 되어 그 훌륭한 신앙 정신을 아시게 되었기 때문이라고 생각합니다.

제가 종교 사회학자인 Max Weber의 명저 "신교도의 윤리와 자본주의 정신"(Die Protestantische Ethink und der Geist des Kapitalismus)을 읽으면서 그가 Mormon의 신앙을 칭찬한 것은 적절하였다고 생각하였습니다.

교수님의 신앙이 그러한 훌륭한 작품을 만드는데 크게 이바지 하였다고 생각합니다.

각 설 : 再婚한 사람들이 흔히 생명을 단축하는 예가 많은데, 교수님이 건강하신 것을 축하합니다. 교수님이 장수하시는 것은 교수님의 가족 · 자손들 · 친지들을 기쁘게 하는 일이며, 교수님이 생활의 지혜를 터득하셔서, 지혜의 말씀을 잘 지키고, 글의 몇 군 데에서도 적으신 대로 건강에 유의하셨기 때문에 건강하신 줄 압니다.

십수 년 전, 수원에서 부정(父情)으로 영식인 양수 박사님의 대학교수 되기를 바라시는 말씀을 하시는 것을 들은 바 있지만, 영식인 양수 박사님이 기적적으로 국립대학인 충남대학교 교수가 되었으니 얼마나 기쁘고 영광된 일입니까?

더욱 건강하시고 앞으로 더욱 영광을 누리시기를 빕니다.

2009년 7월 18일 새벽 2시

충남대학교 명예교수 민 동근 배

No. 1

제가 尊敬하는 丁永培敎授님께

그동안 健康하셨습니까?

지난 12日 明知大, 令息인 丁良秀 敎授님으로부터
『삶속에 흐르는 행복의 메아리』라는 敎授님의 貴重한
著書를 寄贈받고, 책의 뒷面表紙에 "이 책은 독자들
을 밝고 즐거운 生活로 引導해 줄 것이기 때문이다"라
는 宣傳文句를 보고 果然 그럴것인가고 疑問을 품고
5日間 精讀을 하였습니다. 저만큼 熱心히 읽는 사람이
없을 程度로 精讀을 하고, 果然 좋은 敎訓이 담긴 훌륭
한 著書라고 느꼈습니다.

저는 平生을 西洋哲学·倫理学을 공부한 사람
으로서 全國規模의 國民倫理学会(現 韓國倫理
学会) 副会長과 忠南学会長을 歷任한 바 있으므로
古今東西의 적지 않는 倫理関係책을 읽은 바 있는데,
貴著書를 읽고 感歎하고 기쁘고 고마워서 敢히
아래와 같이 書評을 적어보니 惠諒바랍니다.

書評:

① 어떤 사람의 글은 自己자랑과 自己誇示, 或은
거짓된 表現을 하는 글이 있어서, 或은 自己변명과

No. 2

自己合理化에 힘쓰고 말로만 하고 行動이 뒤따르지 않는 글이 있어서, 저는 조심스럽게 남의 글을 읽는 습관이 있습니다.

그런데 教授님의 글은 솔직히 自身의 過誤도 적으면서 教訓的인 말씀은 하셔서 實感이 나고, 글에 믿음을 주고, 他人이 글의 真偽에 의심을 품지 않게 하는 것이 좋습니다.

② 우리가 알고 배워야 할 좋은 名言과 教訓을 많이 적으셨습니다. 그것은 教授님이 좋은 생각, 좋은 信念, 좋은 人生觀·社會觀·世界觀을 가지셨기에 可能하셨던 것입니다.

③ 읽으면서 지루하지 않았고, 변화무쌍하게, 재미있게 表現하신 좋은 文章이었습니다. 글이 平易해 좋아서, 『전남대학교 역사관 설립 취지』문도 作成하도록 付託드리신줄 압니다. 훌륭한 表現의 말씀을 平易하게 잘 表現하셨습니다. 제22章의 감사하라는 글과, 제23장의 타인의 장점을 칭찬하라는 글과, 제24장의 좋은 말을 하라는 글과, 제25장의 희망을 품으라는 글과 그 가운데서 老人에게 한 충고의 글 등을 제부의 끝 部分에서 읽으면서, 책을 읽는 보람을 느끼고, 기쁨

No. 3

을 느꼈습니다.

教授님의 이 책은 學生이나 社會人에게 人生의 좋은 指針書가 될 것이며, 道德의 教本으로 活用되면 좋겠다고 思料합니다.

이상과 같이 敢히 제가 書評을 하고 이 便紙를 쓰는 것은 教授님의 글을 읽고 기쁘고 즐거워서 이며, 또한 教授님과 같은 高貴한 精神을 가진 분을 알게 되고 함께 信仰生活을 하게 되었기 때문입니다.

實로 그러한 珠玉과같은 글을 쓰실수있는 것은 ①어릴 때 훌륭한 漢文教育을 받으시고, ②青年時節에 英語英文學을 배우셔서 英美思想에 接할수 있었고, ③壯年時節에 예수그리스도 후기성도교회의 회원이 되어 그 훌륭한 信仰精神을 아시게 되었기 때문이라고 생각합니다.

제가 宗教社會學者인 Max Weber의 名著『新教徒의 倫理와 資本主義의 精神(Die protestantische

No. 4

Ethik und der Geist des Kapitalismus
을 읽으면서, 그가 Mormon의 信仰을 稱讚한 것은 適切하였다고 생각하였습니다.

教授님의 信仰이 그러한 훌륭한 作品을 만드는데 크게 이바지 하였다고 생각합니다.

却說: 再婚을 한 사람들이 흔히 生命을 短縮한 例가 있는데, 教授님이 健康하신것을 祝賀합니다. 教授님이 長壽하시는 것은 教授님의 家族·子孫들·親知들을 기쁘게 하는 일이며, 教授님이 生活의 智慧를 터득하셔서, 智慧의 말씀을 잘 지키고, 글의 몇 군데에서도 적으신 대로 健康에 留意하셨기 때문에 健康하신줄 압니다.

十數年前, 水原에서 父情으로 令息인 良秀博士님의 大學教授되기를 바라시는 말씀을 하시는 것을 들은 바 있지만, 令息인 良秀博士님이 奇蹟的으로 國立大學인 忠南大學校 教授가 되었으니 얼마나 기쁘고 榮光된 일입니까?

더욱 健康하시고 앞으로 더욱 榮光을 누리시기를 빕니다.

2009年 7月 18日 새벽 2時. 忠南大學校
名譽教授 閔東根

정영배(丁永培)

여수시 미평동 선경 아파트 308동 901호
Tel. 061-653-8410

약 력

전남대학교 영어영문학과 졸
동대학원 졸
전 여수대학교 영어영문학과 교수
미국 브리감영대학교 연구교수
전 한국 영어영문학회 회원
여수대학교 교무처장 역임
人間時代 학술 및 편집고문
文藝思潮 수필부문 신인상 수상
文藝思潮 문인협회 회원
한국문인협회 회원

번역물

놋활 (The Bronze Bow)
붉은 조랑말 (The Red Pony)

수필집

晩秋閑想
아침이 오는 소리
인생 연가(人生戀歌)
회오(悔悟)의 향기
사랑의 현자(賢者)들
삶 속에 흐르는 행복의 메아리
바르게 산 자들이 누리는 幸福

바르게 산 자들이 누리는 幸福

2010년 8월 10일 인쇄
2010년 8월 20일 발행

저 자 | 정영배
발행인 | 김윤수
발행처 | 전남대학교출판부

등록 1981. 5. 21. 제53호
500-757 광주광역시 북구 용봉로 77
전화 (062) 530-0571~3 팩스 (062) 530-0579
홈페이지 http://altair.chonnam.ac.kr/~cnup

값 10,000원

ISBN 978-89-7598-845-5 (03810)

이 도서의 국립중앙도서관 출판시도서목록(CIP)은 e-CIP홈페이지(http://www.nl.go.kr/ecip)에서 이용하실 수 있습니다. (CIP제어번호 : CIP2010002924)